ふと、

終活の

ことを考えたら

最初に読む
本

お葬式は?

財産は?

認知症
になったら?

司法書士
加藤光敏

日本実業出版社

本書の登場人物

あんみつ先生（45歳）

司法書士。都内の会社を退職し、実家のある田舎町にUターン。司法書士事務所を開業し、おもに相続と成年後見を中心に業務をしている。また、副業で終活セミナーの講師もしている。

吉田小春さん（65歳）

専業主婦。あんみつ先生のご近所さん。子供2人はすでに独立し、現在は夫と気ままな2人暮らし。買い物帰りにあんみつ先生の事務所に立ち寄ったことがきっかけで、先生の終活講座を知り、受講することに。

吉田健二さん（70歳）

小春さんの夫。長年勤めた会社を定年退職し、家で趣味を楽しみ、のんびり暮らしている。自己主張の強い性格だが、妻には頭が上がらない。妻と一緒にあんみつ先生の終活講座を受講することになった。

あんみつ先生の終活講座
スタート！

吉田　先日、親友の葬儀に行ってきたんです。ガンが見つかり手術をしてから、あっという間でした。この間まで元気だったのになぁ…。

小春　さすがにショックよね。

先生　人間いつ死ぬかわからないから、終活をするなら早めがいいですよ。

小春　やっぱり、早めですよね！　私は65歳で、まだ元気なほうですが、少しずつ身辺を整理しています。

先生　それは生前整理ですね。

吉田　生前整理か…。でも、私はいま、自分史の執筆中で、忙しいのです。私の場合、生前整理はもう少し先の話だな。

小春　うちの人、老後の趣味は株式投資と自分史の執筆なの。散らかった書斎にひきこもって、パソコンとにらめっこよ。

先生　それなら、デジタル終活だけでもしてみては。

吉田　デジタル終活？　まあ、傍から見たら私はパソコンで投資をしたり、自分史を書いたり、明るく前向きでデジタルな高齢者でしょう。しかし実際には持病があり、通院日に人と会えば暗い話ばかり…。

小春　うちの人、たまに気持ちが沈むのも心配だけど、最近は物忘れがひどくて、それも心配だわ。

先生　なるほど。終活では、認知症対策も重要なテーマです。成年後見や民事信託といった制度についても学びましょう。

吉田　いや、ご心配なく。まだやりたいことがたくさんあるので、私は認知症になっている暇はありません。最近は、自分史を書きあげたら次に何をしようかと思案中です。

先生　それなら、遺言書の執筆はどうですか？　ついでに、エンディングノートも。

吉田　縁起が悪いから書きたくない！

先生　そんなことないですよ。どちらも自己主張の強い吉田さんにぴったりの終活です。自分の人生のことは全部自分で決めたいですよね？　終活では自己決定は大事です。

吉田　うーん、親友もあの世にいっちゃったし、どっちも執筆してみるか。

先生　遺言書とエンディングノートを書くにあたっては、相続の法律知識も必要です。

小春　私は法律の難しい話も、理屈もよくわかりません。でも、終活をして自分が納得できる形で人生の最後を締めくくりたいわ！

先生　そうですよね。では、2人とも私の終活講座でその方法をじっくり学んでください。さっそく、終活講座を始めます。

●　　　●

「終活」という言葉を知っている人は、最近かなり増えました。しかし、終活で具体的に何をするのか知っている人は、

まだ少ないと感じます。

　終活とは端的にいえば、お墓に入る前に死ぬ準備をすることです。誰でも終活をすべきときは来ます。そのときのため、あらかじめ学んでおくほうがよいのです。

　終活には、①生前整理をする、②遺言書とエンディングノートを作る、③相続の知識を学んで生かす、④お葬式やお墓のことを決める、などがあります。また、長寿国の日本では今後、介護を受ける期間が長期化する傾向があり、同時に認知症を発症するリスクも高くなります。そのため、⑤認知症対策も重要な終活の１つとなります。

　本書では、終活全般で知っておきたいことを、法律の基礎知識もまじえながらやさしく解説しています。終活の知識はご自身にとって役立つことはもちろん、家族や友人に「もしものこと」があったときにも役立つでしょう。

　ぜひ、みなさんも吉田さん夫妻と一緒に、私の終活講座で学んでみてください。そして、終活の知識を本書で学んでから、実際に、「ふと終活」を始めてみてください。本書が、みなさんのお役に立つことを心より願っています。

2023年10月　加藤光敏

contents

財産は？　お葬式は？　認知症になったら？

ふと、終活のことを考えたら
最初に読む本

はじめに 3

1章　身の回りの整理を考える

1- ❶　終活はハッピーな未来を作るための準備 ── 12
なぜ、終活をするのでしょうか？ 12
終活とは何をすること？ 14
認知症対策としての終活 15
終活は"自分のことは自分で決める"こと 17

1- ❷　生前整理と遺品整理をするときのポイント ── 20
生前整理とは？ 20
生前整理はしたほうがいい？ 21
不動産の生前整理と空き家モンダイ 23
遺品はすべて相続財産になる 26
遺品整理はいつ、どのように進める？ 27
1人で遺品整理をするときの問題点 29

1- ❸　パソコンやスマホのデータを
　　　　　整理するデジタル終活 33
デジタル終活とは？ 33

デジタルデータはどのように相続される？ 35

ログインID、パスワードの保管方法 36

銀行口座の相続手続き 38

証券口座の相続手続き 41

2章　遺言書とエンディングノート

2-❶　遺言書やエンディングノートを用意すべき？　44

遺言書とエンディングノートとは？ 44

遺言書を書くのはなぜ？ 45

2-❷　遺言書には3つの方式があり
　　　それぞれ特徴がある　48

遺言書には3つの方式がある 48

自筆証書遺言は気軽に書ける 50

公正証書遺言は有効性が高い 51

秘密証書遺言は公証人にも内容を秘密にできる 53

2-❸　知っているようでよく知らない
　　　エンディングノート　55

エンディングノートは法的文書ではない 55

エンディングノートに書いておきたいこと 58

遺言書の付言事項とは？ 60

2-❹　お葬式や埋葬の方法の希望は
　　　どう書いて伝える？　62

自分のお葬式の希望を書いておく ⎯⎯⎯⎯⎯⎯ 62
自分の埋葬方法の希望を書いておく ⎯⎯⎯⎯⎯ 64
葬儀費用を遺族が工面できるか心配なとき ⎯⎯ 65

2-❺　**自筆証書遺言を書くときの注意点** ⎯⎯ 68
自筆証書遺言には何を書く？ ⎯⎯⎯⎯⎯⎯⎯ 68
財産目録を作成するときのポイント ⎯⎯⎯⎯⎯ 70
早めに遺言書を作るときの相続分の指定方法 ⎯ 72

2-❻　**遺言書を作成したあとで気を付けたいこと** ⎯ 75
遺言書の内容は誰が実現してくれる？ ⎯⎯⎯⎯ 75
遺言書の書き直しはできる？ ⎯⎯⎯⎯⎯⎯⎯ 76
遺言書の保管はどうすればよい？ ⎯⎯⎯⎯⎯ 78
死後、誰が遺言書を開封する？ ⎯⎯⎯⎯⎯⎯ 79

3章　避けては通れない相続の基礎知識

3-❶　**相続権のキホンの法定相続とは** ⎯⎯⎯ 82
法定相続人はどう決められている？ ⎯⎯⎯⎯⎯ 82
相続権を失う場合とは？ ⎯⎯⎯⎯⎯⎯⎯⎯⎯ 87
遺贈とは遺言で贈与すること ⎯⎯⎯⎯⎯⎯⎯ 89

3-❷　**遺言する際には借金と遺留分に注意** ⎯ 93
借金したまま亡くなったら？ ⎯⎯⎯⎯⎯⎯⎯ 93
相続人が借金を引き継いだらどうなる？ ⎯⎯⎯ 96
遺留分は遺言でも奪えない取り分 ⎯⎯⎯⎯⎯⎯ 98

遺言書は遺留分に配慮して書く ……………………… 100

3-❸ 遺産分割協議とはどんな会議？ …… 103
遺言書がないと遺産分割協議になる ……………………… 103
遺産分割協議で不公平を修正する ……………………… 105
遺産分割協議で遺言内容は変えられる? ……………… 107

3-❹ 不動産をどう引き継がせる？ …… 110
相続登記が義務化された！ ……………………… 110
相続登記の申請は売買の登記より簡単? ……………… 113
不動産を共有にした場合の問題点 ……………………… 115
配偶者居住権は遺言しておく ……………………… 118

3-❺ お墓のことはどう考える？ ……… 121
お墓を誰に引き継がせる? ……………………… 121
お墓の引き継ぎの手続き ……………………… 123

4章 認知症のリスクに備える

4-❶ "事後"に対策する法定後見とは？ …… 128
成年後見制度には法定と任意の2つがある ……………… 128
法定後見とは? ……………………… 130
法定後見には「後見」「保佐」「補助」がある ………… 131
法定後見の利用方法は? ……………………… 133
法定後見の成年後見人には誰がなる? ………………… 135
成年後見監督人は成年後見人のお目付け役 …………… 137

成年後見人の辞任は原則認められない ———— 138

4-❷ "事前"に対策する任意後見とは？ ———— 141
任意後見とは？ ———— 141
任意後見には2つのパターンがある ———— 143
独身なら死後事務委任もしておく ———— 145

4-❸ 成年後見人はどんな支援をしてくれる？ ———— 149
支援は財産管理と身上監護の2つ ———— 149
認知症になっても自分の意思で結婚できる ———— 151
成年後見人が行う身上監護とは？ ———— 153
成年後見人の不動産取引の権限 ———— 154
成年後見人が遺産分割協議に参加するときの問題点 ———— 156
成年後見人の資産運用は原則認められない ———— 158

4-❹ 民事信託を使って認知症に備える ———— 160
民事信託の基本的な仕組み ———— 160
民事信託は自分の死後も信託契約が続く ———— 162
民事信託は遺言の代わりになる ———— 164
遺言代用信託と遺留分侵害の関係 ———— 167
不動産を信託するとは？ ———— 169
残される障害者の子供が心配な場合は？ ———— 170
民事信託で資産を有効活用をするには？ ———— 172

カバーデザイン／西垂水敦・内田裕乃（krran）
カバーイラスト・本文イラスト／坂木浩子
本文キャラクターイラスト／emma（iStock）
本文デザイン・DTP／横井登紀子・金谷理恵子

1章

身の回りの整理を考える

1-❶

終活はハッピーな未来を
作るための準備

なぜ、終活をするのでしょうか?

小春 そもそも、終活って何のためにするんでしょう?

先生 終活講座の受講生の場合、周囲に迷惑を掛けたくないから終活をするという方が多いですね。

小春 普通はそうかもしれないわね。

吉田 私は、死んだ後のことも自分が納得のいくように色々決めておきたいけどな。

先生 いいですね。吉田さんのように、「自分のため」「自己主張のため」「自己実現のため」と考えると、前向きな終活になりますね。

小春 前向き?

　終活をする理由や動機は人それぞれです。たとえば、「残された家族に迷惑を掛けたくない」「独身なので他人の手を煩わせたくない」という人もいれば、「自分は病弱だから人生がもうすぐ終わる…」「年齢的に、もう自分には未来がないから終活をする」という人もいます。

これらの動機は、何だか後ろ向きな気がしませんか？　ましてや、「終活とは死ぬ準備をすることである」とストレートに言われたら、ネガティブな気持ちになって身構えてしまい、「私は、まだ終活をしたくない！」となってしまいそうです。

　そこで、考え方を少し変えてみてください。
　「終活とは、安心して長生きを楽しむための準備」と考えてみます。こう考えると、何だか前向きな気持ちになりませんか？
　「終活をして安心する。安心して人生を最後までしっかり楽しむ」「終活はハッピーな未来を作るための準備」などと、あっけらかんと考えてみましょう。そうすれば、私たちは終活に、楽しみながら取り組めるようになるはずです。

終活とは何をすること？

小春　先生、夫が本格的に終活をするって言い出したのよ。

先生　自分が死んだ後のことも納得できるようにしておきたい
　　　とおっしゃっていましたね。

吉田　はい。おかげ様ですごく前向きな気持ちになって、終
　　　活をはじめてみたくなりました。でも先生、終活って具
　　　体的に何をするんですか？

　終活という言葉を耳にしたことがある人は多いかもしれませ
ん。しかし、具体的に何をするのかをわかっている人は、
意外と少ないと思います。

　終活には、いくつかするべきことがあり、大きく分けて、
①生前整理、②遺言やエンディングノートの作成、③相続
に関する準備、④お葬式とお墓、の4つがあります。

　また、長寿の国・日本では、寝たきりや認知症になって
介護を受ける時間が長くなっていますが、そのための準備
も終活に含まれます。認知症となり理解力や判断能力がな
くなると、自分1人では通常の生活ができなくなるので、成
年後見制度などについても知っておく必要があります。

　さらに、「老後資金が不足するかもしれない」という心配

をせずに済むように準備することも大切な終活の要素です。今後は物価が高騰し、年金が目減りすることを考えると、資産運用で足りない分をまかなう必要も出てきそうです。老後のための資産運用ではなく、老後に行う資産運用も次世代終活のジャンルの1つになると思います。

認知症対策としての終活

🧑‍🦰 小春　先生は終活には認知症対策も含まれると言ってたけど、どんな準備をするのかしら?

👴 吉田　安心して長生きができるように準備する、ということですよね。

🧑 先生　はい。認知症は高齢になれば誰でも発症する可能性があります。重度の認知症になってしまうと、本人の意思に関係なく家族や周囲の人の手を大きく煩わせてしまいます。だから、あらかじめ認知症対策をしておく必要があるのです。

　日本は超長寿国で、平均寿命が80歳を超えており、認知症のリスクは加齢とともに高まります。私たちは、長生きするほど認知症にかかるリスクが高くなり、認知症でいる期間も長くなってしまいます。

　厚生労働省の資料によれば、2025年頃に65歳以上の高

齢者の約5人に1人が認知症になると予測されています（下のグラフ参照）。認知症はもうすぐ他人事ではなく、まさに将来の自分の問題となるでしょう。

　認知症対策は発症前の元気なうちにやっておく必要があります。遅かれ早かれ認知症はガンと同じように、世の中のありがちな病気と思われるようになり、自分自身で事前に備えることが当然の時代になるでしょう。
　現状ではガンに対して保険で十分備えていても、認知症

●認知症高齢者の将来推計

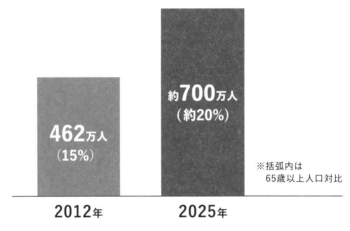

（出所）厚生労働省（「日本における認知症の高齢者人口の将来推計に関する研究」（平成26年度厚生労働科学研究費補助金特別研究事業九州大学二宮教授）を元に推計）

に対してはそこまで恐れておらず、十分な備えもしていない
ケースが多いのではないでしょうか。

　ところが、認知症になると今まで当たり前にできたことが
思うようにできなくなります。理解力も判断能力もないと診
断されると、銀行預金をおろしたり、何かの契約をするの
も1人では自由にできなくなってしまいます。そうした事態に
備えるためにも、終活の重要度は非常に高いのです。

終活は“自分のことは自分で決める”こと

小春　重度の認知症になると自分で判断できなくなるのね。

吉田　はるちゃん、心配しなくても僕が決めてあげるから大丈
　　　夫だよ。

小春　う〜ん。人生の晩年をあなたにすべて決めてもらうの
　　　も嫌よね。これまですべて私が決めてきたのに。

先生　小春さん、安心してください。終活の基本的な考えは、
　　　自分のことは自分で決めるということなんです。

小春　最後まで自分で決められるのね！　あなたが認知症に
　　　なったら、私がすべて決めるけど！

吉田　終活は自分で決められるはずじゃ…。

　日本国憲法の基本的人権の章には、明文はないものの、
「自己決定権」が保障されていると考えられています。こ

れは、自分のことは自分で決める権利のことです。終活の場面でも、自己決定は重要な考え方です。たとえば遺言をするときは、自分の財産をどうするかについて、自分で自由に決められるということです。

　ところが、重度の認知症になると理解力、判断能力が低下するので自己決定が難しくなります（下図参照）。そうした場合は、一般的には成年後見人という保護者を立て、法的行為を代理で行ってもらう必要が出てきます。成年後

●終活をはじめるタイミングは判断能力のあるうちに

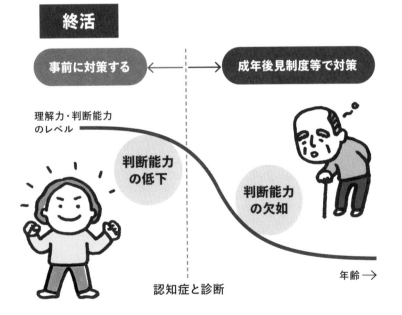

終活

事前に対策する　←----→　成年後見制度等で対策

理解力・判断能力
のレベル

判断能力
の低下

判断能力
の欠如

認知症と診断

年齢 →

見人には、同居の親族、弁護士や司法書士などが立てられますが、誰に支援してもらうにせよ、重要な自己決定を他人に委ねることになります（成年後見人については4章参照）。

　しかし、保護者を誰にするかは、自分自身で決めたいはずです。そこで、元気なうちに任意後見（141ページ参照）を利用すれば成年後見人を事前に自分で指名できるので、自分の意思を強く反映させられます。

 あんみつ先生のチェックポイント

● 終活を早いうちにしておくと安心できるし、 安心することで
　人生を最期まで思い切り楽しむことができる。
● 終活には自分の最後に関して自己決定をするという意味がある。
● 認知症で理解力や判断能力がなくなると、契約や取引が1人で
　できなくなるので、終活で事前に対策しておくことが大切。

1-❷

生前整理と遺品整理を
するときのポイント

生前整理とは？

🧑‍🦰 小春　家の向かいのおじいちゃん、最近は終活をしていて、
　　　　生前整理をしていると言っていたわ。

👴 吉田　あの人、いったい何を整理しているのかなぁ…。

🧑 先生　生前整理といっても、その人がどういうことを指して生
　　　　前整理と言っているのか、よくわからないことがありま
　　　　すね。

🧑‍🦰 小春　何を整理するのかが問題よね。

　生前整理は、終活の世界ではやや曖昧な使い方をされ
ている言葉です。生前整理は広い意味では自分の死後、
相続財産となるものを生きているうちに整理する、または処
分することです。

　たとえば、①元気なうちに自分自身の相続について考え
る、②金融資産や不動産等の財産を整理する、③遺言書
を作成し保管する、などです。

　しかし、単に身の回りの物を片付けるという意味で使うこ

ともあります。この場合は終活の一環として、不要な物品を処分してクリーンアップすることです。自分の死後に遺族が遺品整理で困らないように、自分で前もって片付けておきます。

　ほかにも、他人や社会とのつながりをフェードアウトするという意味での生前整理もあります。

　たとえば、最近ニュースで話題になっている高齢者が運転免許を自主返納するケースや、不必要な会員カードを解約して枚数を減らすことなどです。これらの手続きを元気なうちに自分でしておけば、のちに遺族の負担を軽くすることができます。

　このほか、年賀状終いや、会社の経営を子供に譲って隠居するなども、生前整理の一部と考えられます。

生前整理はしたほうがいい?

先生　そもそも生前整理はしたほうがいいのか、しなくてもいいのか、どう思いますか?

吉田　難しい…、どうなのかなぁ。

小春　したほうがいいと思うけど、さっき先生から聞いた生前整理のすべてをやる必要はないと思うわ。

吉田　そうだね、人によって不動産や金融資産、そのほかに持っ

ている財産の内容も違うし…。

小春　まずは自分の持っている財産すべてを、確認する必要
　　　がありそうね。

　現在、パソコンの中のさまざまなデータを整理しておく「デ
ジタル終活」（33ページ参照）が非常に重要となっている
ので、前もって行っておくほうがいいでしょう。

　次に、部屋の物品を片付けるという意味での生前整理も、
ある程度はしておく必要がありそうです。これは、遺族の
立場からすると「遺品整理」ということになりますが、遺
族の負担を考えたら、生前に貴重品リストなどを作り、手
元に置いておくくらいの生前整理はしておいたほうがいい
でしょう。

　貴重品リストの作成は、生前整理の重要ポイントです。
遺言書に添付する「財産目録」は、相続財産を特定する
ための大切な書類となりますが（50、70ページ参照）、貴
重品リストを作っておけば、のちに財産目録を作成する際
に役立ちます。財産目録がなかったとしても、貴重品リスト
があれば遺族も助かるでしょう。

　なお、貴重品リストを作らず、遺言書の財産目録を作成
しておくだけでもかまいません。

不動産の生前整理と空き家モンダイ

先生 不動産についての生前整理はとくに重要です。空き家モンダイを知っていますか?

小春 テレビで見たことがあります。空き家になるとすぐに家が傷んでしまうって言いますよね。

吉田 高齢化と核家族化などで全国的に空き家が増えているみたいですね。手入れもされず荒廃して、近所迷惑になっていたりするんですよね?

先生 売るに売れず、持つも地獄。さて、どうすべきか?

　家主が亡くなったあと、相続人が管理せず放置された空き家が増えていることが社会問題となっています。管理されていない空き家は倒壊や放火などのリスクもあり、隣近所に多大な迷惑を掛ける可能性もあります。そのようなリスクを軽減し、家屋の管理責任をハッキリさせるため、相続の不動産登記の申請が義務化されました（110ページ参照）。相続した物件が空き家とならないようにするためにも、不動産をどうするのか前もって決めておいたほうがいいでしょう。

　この点、空き家を土地とともに早期に売却できればよいのですが、買い手がすぐに見つからないこともよくあります。せっかく相続した価値ある不動産でも、空き家のまま放置し

てしまうと、負の遺産となってしまうこともあります。

　空き家を相続した場合、具体的には次のような義務と責任が生じます（下図参照）。そこに住んでいないとしても、所有者としての管理責任が課されます。

　その責任を免れるためには、①相続放棄、②管理委託、③解体の３つの手段が考えられます。

　①相続放棄は、相続権を放棄して何も相続をしないとい

●空き家となった場合の問題点

1 相続により不動産を取得した人は３年以内に相続登記をしなくてはいけない
（罰則あり。2024年4月1日より）

2 固定資産税など空き家の管理コストは、ばかにならない

3 相続人には所有者としての空き家の管理責任が課される
（犯罪、倒壊、火災、衛生問題などのリスクがあるため）

4 次世代へ相続が繰り返されるたびに相続人が増えるため、権利関係が複雑になり、相続人の確定が難しくなる

うことです。相続放棄をすると、相続人ではなかったことになりますから、当然、相続財産の管理義務も負いません。

　ただし、相続を放棄したとしても、管理義務を負い続けなければならない場合があります。自分が以前から相続財産を管理している場合はもちろん、相続放棄により相続人が誰もいなくなった場合です。

　その場合は、②管理委託という手段を取ることができ、「他の相続人などに空き家の管理を委ねる」「裁判所が選任した相続財産管理人に管理を委ねる」という方法があります。

　「裁判所が選任した相続財産管理人に管理を委ねる」という方法は、ほかに相続人が誰もいない場合に、相続財産すべてを管理するものです。裁判所に相続財産管理人を選任してもらう場合は、申立人は予納金を納めなくてはならない場合があります。この費用は、管理人の報酬等の経費の原資となるものですが、数十万～100万円以上となります。

　③解体は、思い切って空き家を撤去して更地にするという選択肢です。解体費用はかかりますが根本的解決です。解体後、建物の滅失登記を行います。このように対処すると、2024年4月施行の相続登記は不要となります。

　注意点は、空き家の相続人が1人であれば問題なく解体

を決定できますが、共同相続の場合は、共有物に対する処分に対して、全員の同意が必要になることです。全員の同意が得られないまま、解体したくてもできずに倒壊寸前の状態となっている空き家も多いのです。

　分割が難しい不動産は相続でモメやすい財産です。家族で話し合った結果、相続させる人を誰か1人に決められないのであれば不動産を売却し、売却代金を相続人に分ける方法を選ぶのがいいでしょう。

遺品はすべて相続財産になる

先生　生前整理は終活する本人がすること、遺品整理は遺族がすることなので、生前整理と遺品整理は、裏表のような関係といえます。ここでは遺族の立場で、遺品整理について考えてみましょう。

吉田　遺品整理というと、故人の部屋の片付けとか、そういう話ですね。

小春　マンションならともかく、一戸建ての家だと整理も大変そうね。でも、お掃除なら私に任せて！　腕が鳴るわ！

　たとえば、マンションの部屋の住人が物を散らかしっ放しにしたまま亡くなったらどうなるでしょう。この場合、遺族（相続人）が遺品整理をすることになると思います。実は、相

続人が複数いる場合、遺品整理は法的には重大なイベントなのです。ゴミのような遺品であったとしても、相続財産の一部には変わりないからです。

　複数の相続人がいる場合を「共同相続」といいます。共同相続では、相続財産を分けるときは「遺産分割」という法的手続きによって分ける必要があり、相続人全員で話し合いをする場合、これを「遺産分割協議」といいます。

　この協議は、実際に全員が集まらなくても、文書やメールのやりとりでもかまいませんが、参加者全員が同意しないと協議が成立しません。誰か1人でも反対すると、協議は不成立となります。つまり、相続人全員の同意がないうちに、勝手に遺品を捨てたりすることは、注意が必要ということになります。

遺品整理はいつ、どのように進める？

先生　遺品整理は、終活する本人からみたら亡くなったあとのことです。でも、遺族がどのように遺品整理を進めることになるのか知っておく必要があるでしょう。

小春　そうね。亡くなったあと、物がどうなろうと知ったこっちゃないっていうのも無責任かもしれないわね。

先生　では質問です。被相続人（亡くなった人）の遺品整

理のタイミングは、いつがいいと思いますか？

吉田　先生のお話を踏まえると、遺品はゴミではなく、れっきとした相続財産です。となると、遺産分割まで整理をしないか、遺品をどこかにしまっておくべきかな。その後、遺産分割協議のときに遺品を確認して、話し合いできちんと分ける。

先生　慎重なご意見です。でも実際には、遺産分割前に共同相続人の誰かが部屋を片付けたりすることもありますよね。

吉田　慎重すぎるかな。じゃあ、整理したついでに遺品を業者に売って、代金はお駄賃として自分の懐に入れてしまうとか？

先生　それはやりすぎ！　勝手に遺産を分けて持ち去っていることになりますから、それはまずいです。

　遺品整理は、掃除が目的のことも多いと思います。故人の部屋をキレイに片付けるのは、遺族として当然の行いだといえます。とくに故人が賃貸住宅に住んでいたような場合なら、遺品整理を早めにする必要が出てくるかもしれません。

　遺品整理は遺産分割をしてから行ってもよいですが、遺品整理を急ぐような場合には、遺産分割の前に全員で集まって遺品整理をしてもかまいません。また、全員の同意があれば実際に集まらなくても遺産分割が成立しますから、全

員の同意を得れば1人で遺品整理をしても問題ありません。

ところで、遺品整理をすると、思わぬお宝が出てくる可能性もあります。他の相続人の同意を得ず、相続財産の調査として遺品の整理をする場合、このようなお宝の処分が問題となります。

遺品整理には相続財産の「調査」の目的もあると考えられます。法律では、相続人は相続の承認または放棄をする前に、相続財産の調査をすることができるとされています。ということは、調査は相続人単独で行ってもかまわないと解釈できますが、調査の範囲であれば1人で遺品整理をすることも問題ないと考えられます。

1人で遺品整理をするときの問題点

先生　1人で遺品整理をするとどんな問題があるのか、もう少しくわしく考えていきましょう。

吉田　1人で遺品整理をするのは大変かもしれないけど、いいこともあるかもしれないですね。

小春　片付けのとき、思いがけずお宝を見つけたらどうなるのかしら?

吉田　それは、自分のものにしていいでしょ!

小春　でも先生、共同相続人がいたら問題になるのよね?

1人で遺品整理をする場合、遺品を勝手に売ったり持ち去ったりすることは、調査の範囲を逸脱しているのでできません。

　整理した遺品をトランクルームなどに保管しておいて、あとで他の相続人の同意を得てから捨てるなどの方法もあるでしょうが、1人で遺品整理をする場合は、事前に他の相続人の同意を取っておき、トラブルにならないように注意しましょう。

　たとえば、1人で遺品整理をしたあとに、他の相続人から「ロレックスの時計があったはず。どこへやったのか」などと言われて、「知らない。そんなものはなかった」と言っても納得してもらえないでしょう。間違って捨てたとしても、本当に間違って捨てたのか、どこかに隠しているのではないかと疑われてしまうかもしれません。

　こうしたトラブルを防ぐには、

①遺品整理の現場の記録を残す

②スマホやデジカメ等で遺品を撮影する

③簡単な貴重品リストを作る

　など、何らかの証拠を残しておくといいでしょう。

　しかし、これらの証拠を残す方法も万全ではありません。この方法は遺品があった証明にはなりますが、ないものは記録も撮影もできないからです。ロレックスがなかったことを証明していないのです。

1人で苦労して片付けをしたのに、片付けに非協力的だった相続人から、あとで文句を言われてしまうかもしれません。このようなトラブルを防ぐためには、相続人全員で遺品整理をするのが理想的な方法です。

　相続人全員で立ち会って確認したほうがいいのは、目で見える遺品だけではなく、被相続人のパソコンの中にあるデータ情報、たとえばネットバンキング口座や証券口座なども同様です。

　なお銀行の貸金庫の場合は、そもそも相続人1人で確認

することはできません。相続前は貸金庫の開け閉めを子供などの代理人が行っても問題ないのですが、相続後は遺言書でとくに指定されていなければ、相続人の誰か1人が開けることはできません。相続人全員の立ち会いのもとで、貸金庫を開けなければなりません。

　家にあるような遺品の確認であれば、1人で確認をすることもできますが、貸金庫などのように第三者が保管していた遺品（財産）については、相続人全員の立ち会いが必要なケースが多いといえます。

 あんみつ先生のチェックポイント

● 生前整理の際に、さしあたって貴重品リストを作っておくとよい。
● 自分以外に相続人がいない場合は、相続放棄をしたとしても管理義務を負い続ける。
● 整理の際には、遺品の記録を残しておくとよい。
● 遺品整理は、共同相続人全員で集まってするほうがトラブルの防止になる。

1-❸

パソコンやスマホのデータを
整理するデジタル終活

デジタル終活とは？

先生　私たちのパソコンやスマホの中には、大事なデータが
　　　たくさん入っています。だから、亡くなる前にきちんと
　　　片付けておきたいですよね。

吉田　自分のプライバシーに関わることがたくさん入っています。
　　　スマホもパソコンも、できれば墓場に持っていきたい。

小春　あら、夫のデジタル終活、ちょっと気になるわ…。

　デジタル終活とは、デジタルデータを生前整理すること
です。パソコンやスマホの中のデータを整理せずに亡くなる
と、大きなトラブルにつながるケースもあり、デジタル終活
は非常に重要な終活の1つです。いまの60代、70代の方々
はパソコンやスマホを上手に使いこなしているので、デジタ
ル終活も必須です。

　デジタル終活をしておくべきデータは非常にたくさんあり
ます。たとえば、パソコンやスマホの中の写真などのデータ

のほかに、ブログやフェイスブックなどSNSのデータ、会員
登録して課金されているWEBサイト、ネットバンキングやネッ
ト証券の口座などです（下図参照）。

　ほとんどの人は、パソコンやスマホ内のデータが同期さ
れるなどしてクラウド上にもありますが、亡くなったあとにク
ラウドのデータがどうなるのか考えている人は意外と少ない
かもしれません。

●デジタル終活しておきたいもの

1 パソコンのハードディスクのデータ、
Googleクラウドなどのデータ、スマホのデータ

2 ブログの記事、Facebook、Instagram、
X（旧Twitter）などのSNSのアカウント

3 会員登録しているWEBサイト、
とくに、課金されているサービス

4 IDとパスワードの適正な保管、家族との共有も

5 ネットバンキングやネット証券の口座

デジタルデータはどのように相続される?

👤 **先生** たとえばダンナさんが交通事故で亡くなったとします。スマホには普段のLINEの会話、記念写真、連絡先など様々な個人情報が入っています。自宅のパソコンには、仕事の重要文書が入っています。この場合、スマホ、パソコンのデジタルデータは一体どうなるのでしょう?

👤 **小春** 奥さんが処分するのかしら?

👤 **吉田** データは相続人のものになるから、そうなるでしょうね。

👤 **先生** そもそもデジタルデータは相続されるのでしょうか?

👤 **吉田** どうなんだろう。単なるデータも相続財産に入るのかな?

👤 **先生** そこ、ちょっと考えてしまいますよね。

👤 **小春** さて、どうなのかしら?

デジタルデータの相続は、保存されているハードやデバイス、つまり機械自体を基準に考えます。パソコン内のデータを相続したと考えるのではなく、パソコンの現物を相続したと考えます。亡くなった人のパソコンは相続財産の1つですが、相続財産は遺産分割をするまで共同相続人の共有の状態です。その中身のデータは、パソコンという遺品の内容物とみなされます。

では、クラウド上のデータやSNSのデータはどうなるでしょ

うか。これらのデータは、クラウドやSNSを運営管理する企業がデバイス（機械）を持っており、デバイスについては相続の対象とはなりません。この場合、相続が問題となるのは、データに対してアクセスする権利、あるいはアカウントの権利などです。

業者と契約した人は契約に基づき、データに対するアクセスの権利を持っています。ところがこの権利は、本人が亡くなると相続されません。なぜなら、アクセスの権利は本人だけの使用を想定して与えられた権利であり、他の人に移すことが適切ではない権利だからです（「一身専属権」）。

このように、被相続人の権利はすべて相続人に引き継がれるわけではなく、相続されない権利もあります。一身専属権は、たとえば年金がわかりやすい例です。親が亡くなったら子供が年金受給できるというのではおかしな話です。

ログインID、パスワードの保管方法

小春　色々なSNSや会員登録しているWEBサイト、ネットバンキングやネット証券って、IDとかパスワードを設定しているわよね？

先生　大事なログインIDやパスワードは、なくしてしまったり忘れてしまったら大変なんです！

吉田　そうですよね。一大事です！　本人がわからなければ

遺族がわかるわけないですよね。大事なカギをなくすようなもの。

先生　デジタル終活では、IDやパスワードを亡くなったあとでも家族にわかるように、どう保管するのかがカギとなります。

小春　でも、見えるところに大事なログインパスワードを貼っておくわけにはいかないし…。

吉田　でも、もし自分が死んだとき、家族がログインできないと困ってしまうよ。

先生　キーワードは玄関の合カギ!

　SNSやクラウドのデータに対してアクセスする権利があるのは、本人だけです。先ほど、アカウントの権利は本人だけの一身専属権だと説明しました。これらのアカウントは本人の死後、遺族が解約する流れとなります。

　ところが、IDとパスワードがわからなければ解約ができません。亡くなった人のIDとパスワードなどのデジタルデータをどうやって見つければいいのか、多くの人にとって大問題です。

　ほとんどの人はデジタルデータは家族間で共有せず、各々データを管理しているのが通常です。ブログ記事やSNSのページが死亡後に放置されていても、そうしたページの存在を遺族が知らなければ話は始まりません。知っていたと

しても、IDとパスワードがわからなければログインして削除することはできません。

このような問題は、終活にはほど遠い年代の人にとっても他人事ではありません。誰しも若くして事故や病気で亡くなることがあるからです。

そこで、日ごろから重要なデジタルデータをワードやエクセルにまとめたり、紙に書き出したりしておくとよいでしょう。そして、いざというときには家族が探せばすぐわかるようにしておきます。玄関の合鍵を家族に預けておくのと同様、必要かつ重要な安全対策だと思います。

玄関の合鍵なら秘密の場所に隠し、隠し場所を家族と共有します。IDとパスワードもこれと同様に考えて、たとえばIDとパスワードの入ったUSBメモリーを封筒に入れて家の中の決めた場所にしまい、その場所を家族に教えておくようにしてもよいでしょう。

銀行口座の相続手続き

先生　銀行口座や証券口座など、お金に関するデジタルデータの終活をくわしく見てみましょう。

小春　ネットバンキング、ネット証券、そういう話ですよね。とても大事ですね！

吉田　私は昔ながらの人間なので、いまも通帳を持ち歩いて、支店でコツコツ記帳をしています。銀行の残高がデジタルデータだけだと、私、どうしても心配なんですよ…。

先生　そういう方なら紙の通帳と印鑑の置き場所を教えておくだけでいいですね。

　ネット銀行やネット証券などでは、預金や株式その他の金融資産のデータがネット上にあります。うっかりログインパスワードがわからなくなると非常事態になってしまいます。自分自身でも慌ててしまうのに、遺族ならなおさら困ってしまうでしょう。最悪なケースでは、大事な金融資産がネットに埋もれてしまうことにもなりかねません。デジタルデータは生存中に整理しておくべきなのです。

　銀行口座から見ていきましょう。相続の発生が銀行に把握されると口座が凍結され取引が制限されます。凍結後は、相続人は必要書類を提出して預金の払戻しを受けることになりますが、必要書類をそろえるのは意外と大変です（次ページ図表参照）。預金名義人とは別人が預金を引き出すので、相続関係を厳密に証明する必要があります。

　実店舗がある銀行口座の手続きは本支店の窓口で行いますが、ネット専業の銀行の場合はどうすればいいのでしょうか。実店舗のないネット専業銀行に預金を持つ被相続人が

●銀行口座の相続手続きの必要書類

① 銀行所定の相続届出書。被相続人の預金通帳、キャッシュカード等

② 手続きをする人の実印、本人確認書類、など

遺言書がある場合

③遺言書
　※検認が必要な遺言なら検認済証明書も

④被相続人、相続人の戸籍謄本等
　※被相続人の死亡の記載があれば足りる
　※法定相続情報一覧図（の写し）を提出すれば原則不要

⑤遺言により預金を相続する者の印鑑証明書
　※発行日より6か月以内のもの

遺産分割協議をした場合

③遺産分割協議書
　※協議書には相続人全員が実印を押印する

④被相続人、相続人の戸籍謄本等
　※被相続人の「出生から死亡までの連続した戸籍謄本及び除籍謄本等」でなければいけない
　※法定相続情報一覧図（の写し）を提出すれば原則として不要

⑤相続人全員の印鑑証明書
　※発行日より6か月以内のもの

※ただし、必要書類やその有効期限について、金融機関によって若干取扱いが異なることがあるので、事前の確認が望ましい

デジタル終活をしていないために、相続人にパスワードなどの情報がない場合、途方に暮れてしまうかもしれません。

　しかし、すべての金融機関では、必要書類を揃えて提出すると、故人の口座について調査のうえ回答を出します。ネット銀行においても口座が確認できて相続の事実が確認できれば、故人の口座から相続人が出金することができます。

証券口座の相続手続き

先生　次は、証券口座の保有株式の相続についてです。銀行口座のケースと考え方はほとんど同じですが、証券口座は、相続人が同じ証券会社で新規開設した口座に株式を移管することになります。

小春　移管というのは株を移すこと？

先生　まあ、そうです。

吉田　証券口座の場合は移管をしないと出せないんですか？

先生　そういうことです。

小春　相続人が証券口座を持っていなくても、被相続人と同じ証券会社で口座を作らなきゃいけないのね。

　証券口座には購入した株などを預けているわけですが、株はそのまま引き出すことはできません。投資家は口座に預金し、そのお金で株を買い、株を売却すれば換金され

たお金が口座に入金され、そのお金を引き出すというのが基本的なしくみです。

　故人の証券口座を相続する際には、相続人が故人名義の証券口座で株の売買をすることはできませんから、まずは相続人名義の証券口座を開設し、その口座に故人の証券口座に預けられている株を移す必要があります。これが移管の手続きです。

　その後、相続人は移管手続きにより取得した株を、自身の口座で保有するか、または売却して現金として出金することになります。

あんみつ先生のチェックポイント

● デジタルデータは、遺族に整理を任せるよりも生前にデジタル終活をして自分で整理するほうがよい。

● 機械（デバイス）が手元にないクラウド上のデジタルデータは、一身専属権と考えられているので相続されない。

● 証券口座の保有株式は、相続人が自分の口座を作って移管手続きをし、自分の口座で売却し、現金として出金する。

2章

遺言書と
エンディングノート

2-❶

遺言書やエンディングノートを
用意すべき？

遺言書とエンディングノートとは？

吉田 うちは富裕層の家でもないし、遺言書を書くなんて考えたこともないな。

先生 そう思っている方は多いですよ。でも、家と土地だけあって金融資産がない家庭も意外と相続争いになることがありますよ。不動産は分けにくいので。

小春 あら、うちのケースじゃないの！

　生前整理をするにあたっては、①元気なうちに自分自身の相続について考え、②金融資産や不動産など重要な財産を整理することが大切です。2章では、①②に基づいて遺言書を作成するとともに、遺言書作成後の注意点についても考えます。

　遺言書には、自分が亡くなったあとにどうしたいのか、その意思を表したり、おもに遺産を誰にどれくらい引き継がせるのかなどを書きます。遺言書は民法に規定された法的文

書であり、法的拘束力があるので、相続人は遺言書に書かれた内容に従う必要があります。これにより、相続に関するトラブルが避けられることになります。

　一方、遺言書と似て非なるものにエンディングノートがあります。文房具ショップなどで市販されているエンディングノートは、気軽に書けることから終活でも人気です。「遺言書を書くのは緊張するけど、エンディングノートだと気楽に書ける」という人も多いようです。

　エンディングノートにはメーカー各社の様々な工夫があります。お葬式やお墓のことなど終活にまつわる設問があったり、メッセージを自由に記述するスペースもあります。ただし、エンディングノートには法的効力はなく、書いた内容が遺言書のように相続人を拘束するものではありません。

遺言書を書くのはなぜ？

吉田　先生！　素朴な疑問があります。そもそも何のために遺言をするのでしょうか？

小春　そうよね。財産があまりない私たちは、とくに主婦の私なんかは、なかなか遺言書を書く気になれないわね。

先生　よい質問です。そもそも遺言書を書く目的は何か考えてみましょう。

「自分の家や土地をどうするか」「金融資産をどうするか」「お墓をどうするか」…など、自分のことは自分で決めたいものです。ただ、こうした希望は自分が亡くなったあとのことなので、何もしなければ、望んでも実現するかどうかわかりません。そこで、法的拘束力がある遺言書に希望を書いておけば、書いた内容は基本的に実現します。遺言は自己決定的な要素を持っているといえます。

遺言書と同様の内容をエンディングノートに書くこともできますが、エンディングノートには法的に拘束力がないので、自分の希望が実現するとは限りません。そこで、エンディングノートとは別に、遺言書を作成するメリットがあるのです。

もっとも、遺言書に書いた希望が何でも通るかというと、そうではありません。遺言に書くべき事項は法律で定められていて、その範囲内で書かれた内容に拘束力が発生するからです。

遺言書を書く目的は、自己決定のほかにもう1つあります。自分の死後、相続トラブルを避けるためです。仲のよかった家族が、相続をきっかけとして不仲になり、裁判に発展するケースも珍しくありません。相続財産が少ないから大丈夫とも限りません。

また、相続人が多いとモメる可能性が高くなります。共同相続の際には遺産分割協議が必要ですが（103ページ参照）、相続人全員の合意が必要で、まとめるのが大変になるケースもあるからです。

　遺言書がないと、法律の定めに基づき相続権のある人全員が相続することになります（「法定相続」。82ページ参照）。この場合、相続人すべてが遺産に一定の権利を持つので争いが起きやすくなります。これを避けるためには、きちんとした内容の遺言書を残しておくことです。遺言の強制力で故人の意思に基づいた相続となります。

 ## あんみつ先生のチェックポイント

● 遺言書とエンディングノートは、自分の希望や意思を死後に伝えられるツールとなる。

● 遺言書には法的拘束力があり、エンディングノートには法的拘束力はない。

● 遺言書がない場合は遺産分割協議をすることになるから、それがまとまらず相続人たちの間で争いが起きやすくなる。

2-❷

遺言書には3つの方式があり それぞれの特徴がある

遺言書には3つの方式がある

小春 遺言書って筆で書かなきゃいけないのかしら？ 探偵ドラマで資産家のおじいさんが亡くなったときに、弁護士が遺言書を読み上げるシーンでよく見るけど。

吉田 いつの時代？ 必ずしも筆で書かなくてもいいでしょ。

先生 お2人が言っているのは自筆証書遺言のことですね。実は、遺言書には3つの方式があるんです。

小春 あら、そうなんですね。字が下手だと恥ずかしいから書道教室に通おうと思ったけど大丈夫なのね。

　遺言書には3種類の方式があります。①自筆証書遺言、②公正証書遺言、③秘密証書遺言の3つです。大きな違いは、「自筆が条件かどうか」「公証人が関与するか」「誰が保管するのか」という点です（次ページ図表参照）。

　自筆証書遺言は文字どおり、自筆で書くことが条件で、パソコンで作成したり、他人に書いてもらうと無効になります。3種類の遺言のなかでは手軽に自宅で書くことができ、

●遺言書には3つの方式がある

	自筆証書遺言	公正証書遺言	秘密証書遺言
ポイント	手軽で人気	費用はかかるが確実	実務ではマイナー
遺言者の自筆性	遺言者の自筆が条件	公証人の前で、遺言者が口述し、公証人が作成	遺言者が作成するが自筆でなくてもよい
証人の要否	不要	必要	必要
遺言内容を秘密にできるか	できる	できない（証人に知られる）	できる
死後に遺族が発見しやすいかどうか	発見しにくい	発見しやすい	やや発見しやすい
遺言としての確実性	専門家が関与しない場合、形式や内容の不備で無効になることも	公証人の作成によるため、確実な遺言書となる	公証人は内容を確認しないため、自筆証書遺言同様の問題がある
検認の要否	要	不要	要

終活講座のワークショップで体験できたりします。

　自筆証書遺言に添付する書類に「財産目録」があります
が、これは自筆でなくパソコンで作成しても有効で、他人
に作ってもらっても問題ありません。

　財産目録とは、相続財産をリストアップした書類で、相
続の対象となる財産を特定するために作ります。リスト全部
を手書きするのは高齢の遺言者には大変です。たとえば、
銀行預金の口座番号をうっかり書き間違えたりすることもあ
るかもしれません。そこで、2019年の民法改正で条件が
緩和され、自筆でなくてもよくなりました。ただし、手書き
ではない財産目録には、1枚1枚に署名と押印が必要なの
で注意が必要です。

自筆証書遺言は気軽に書ける

先生　たしか、吉田さんご夫婦はお子さんが2人でしたよね？

小春　はい。

先生　将来、配偶者と子供2人以外の誰かに財産を分ける
　　　予定はないですか？

小春　私は今のところ、その予定はないわね。そもそも長い間、
　　　専業主婦だったし、たいした財産はありません。だか
　　　ら遺言書なんてすぐに書かなくてもいいと思うけど…。

高齢者でも、自分はまだ遺言を書かなくていいと思っている人は多いようです。しかし、高齢になると認知症を発症する可能性が高くなります。認知症が発症して判断能力や理解力もないときに書いた遺言書は、自分の意思に基づかない行為となり法的に無効となります。

　また、書く時期が遅すぎると、遺言書が有効なのか疑う人が出てくることも考えられます。たとえば、遺言で不利益を受ける相続人が、「お母さんはあのとき、もう認知症だった」などと言い出すかもしれません。こうして遺言の有効性を巡って争いが起こると、せっかく書いた遺言書が争いのタネになってしまうので逆効果です。

　このようなトラブルを避けるためにも、少し早いかなと思っても、遺言書は判断能力がしっかりしているうちに書いておくほうがいいでしょう。

　なお、一度書いた遺言書はあとで内容を変更できないと思っている人もいますが、いつでも自由に撤回したり書き直したりすることができます。

公正証書遺言は有効性が高い

吉田　自筆証書遺言のほかにも違う種類の遺言書があるんですよね？

先生　はい、公正証書遺言と秘密証書遺言です。いずれも

公証役場の公証人が手続きに関わる点が自筆証書遺言と大きく異なります。自筆証書遺言は手軽に書けるのですが、不備があって無効となることもあります。

小春　あらそうなの？　せっかく書いたのに？

先生　その意味では、公正証書遺言は公正役場の公証人が作成するので、信頼性の高い遺言書になります。

小春　公証役場ってどこにあるのかしら?

　公正証書遺言は、公証人が作成する遺言書です。公証人とは、公証役場にいて書類作成をする法律の専門家です。公証人の作成した公正証書は遺言書のみならず、広くトラブルの防止に役立ちます。

　たとえば、何かの契約書を公正証書で作っておけば、後日、取引相手が「契約をした覚えはない」「だまされて契約した」などと言ったとしても、ほぼ反論ができなくなります。公証人が書類を作成するので偽造の疑いをかけられることもなく、後日、トラブルに発展しにくいのです。

　また、公証人が立ち会うことで、遺言書の形式や内容も法律にのっとっており、きちんとした遺言書が完成します。

　さらに、公証人が遺言書の原本を保管し、公証役場の検索システムで検索が可能など利便性も高い方法です。自筆証書遺言は保管場所を忘れてしまったり、破棄や改ざん

などの恐れもあるので、この点でも公正証書遺言にはメリットがあります。ただし、手続きは煩雑で手数料もかかります。また、証人2人以上の立会いが必要です。

秘密証書遺言は公証人にも内容を秘密にできる

小春　遺言書にはあと1種類あるのよね、先生?

先生　はい、秘密証書遺言ですね。

吉田　秘密って言われると気になります。

小春　そうね、内容を秘密にできる遺言書っていうことなのかしら?

先生　簡単に言えば、そうです。

吉田　でも、公証人が関わるんですよね?　それじゃ秘密にならないんじゃない?

　秘密証書遺言は、公正証書遺言と同じく公証人が関わり、証人の立会いも必要です。公正証書遺言との違いは、まず、遺言書の作成は公証人ではなく、遺言者自身がすることです。遺言者は、遺言書を入れた封筒に封をして、遺言書に用いた印鑑で封印をします。そのあとで公証人と証人の前で、自身の遺言書であること、氏名住所を述べます。これが終わると公証人が日付とその旨を封書に記載します。最後に、遺言者、公証人、証人それぞれが封筒に署名し、

押印します。

　公証人は遺言書の中身を見ることはありません。また、原本の保管もせず、遺言者は原本を持ち帰り、自分自身で保管します。秘密証書遺言も手数料がかかりますが、遺産の額にかかわらず1万円程度で一律です。

　なお、秘密証書遺言はマイナーな方法で、実務ではほとんど利用されていません。

 あんみつ先生のチェックポイント

●遺言書には3つの方式があり、自筆証書遺言、公正証書遺言、秘密証書遺言がある。
●自筆証書遺言は自筆でなくてはならないが、添付する財産目録はパソコンで作成してもよい。
●相続人は、遺言書の内容に原則として従う必要がある。
●認知症の症状が進み、判断能力も理解力もないときにした遺言は無効になる。
●公正証書遺言、秘密証書遺言を作成するときは、いずれも公証人が手続きに関わる。公正証書遺言と比較して秘密証書遺言はほとんど利用されていない。

2-③

知っているようでよく知らない
エンディングノート

エンディングノートは法的文書ではない

小春　私、エンディングノートを書いてみたいわ。

吉田　何を書くのかな？

先生　エンディングノートには自由に希望を書いていいのです。
　　　ただ、法的拘束力はないので、その希望を家族がか
　　　なえてくれるかはわかりませんけど…。

小春　あら、それじゃあ私、書くのやめようかしら。

吉田　でも、はるか昔、就活の時にした自己分析みたいに
　　　書いてみると、自分のことがわかって面白そうだね。

小春　そうかもね。私たちの終活では希望なんて今さらな気も
　　　するけど、試しに何か書いてみようかしら。

　終活講座で受講生から、「エンディングノートには何を書
けばいいのですか」と質問されることがあります。その際には、
「何をどう書いてもいいんですよ」と答えています。遺言書
とは違い、エンディングノートは法的な文書ではないからで
す。書く内容や形式には決まりがなく、自分の好きなことも

自由に書いてよいのです。自筆ではなく、パソコンで作ってもかまいません。

エンディングノートには市販のものもありますが、市販の文具を利用してオリジナルのエンディングノートを作成することもできます。たとえば、ファイルブックを用い、背表紙にタイトルを貼り付け、重要書類をファイルに差し込んでいくだけでも内容は充実します。ファイルにメッセージを書いた便せんを差し込んでもよいでしょう。事情が変わったら、書類や便せんを差し替えればよいだけです。重要な情報を1つの場所に集中管理しておくことで、エンディングノートの機能を果たします。

また、ファイルには遺族が様々な手続きで困らないように事務的な書類も入れておくとよいでしょう（次ページ図参照）。亡くなったあとには、年金の受給停止、健康保険や介護保険の資格喪失など、遺族がしなくてはならない手続きがたくさんあります。関連する証明書や書類の保管場所を書いておけば、遺族は探す手間がなく助かります。

なお、遺言書を作った場合は、遺言書があることもエンディングノートに書いておけば、あとで遺族が困らないでしょう。デジタル終活に関しては、パスワード等の情報をエンディングノートにまとめておくのが簡明です。とくに、遺族が至

●エンディングノートに書くこと（例）

1 自分自身について
氏名、生年月日等の基本情報
簡単なプロフィール
家系図の作成
持病やかかりつけ医について　など

2 認知症発症から死亡までのことについて
介護に関する要望（死ぬまで自宅で暮らしたいなど）
成年後見人になってほしい人
延命治療を希望するかどうか
お葬式、お墓等に関する要望
葬儀や墓の事前準備をしている場合はその旨
遺影用写真　など

3 財産状況について
遺言書の有無について
（有の場合は保管場所も）
財産リスト、貴重品リスト等
不動産の所有状況
銀行預金について（A銀行、B銀行、C銀行…）
預金通帳の保管場所
生命保険について（証券の保管場所も）など

4 死後に必要な事務手続きについて
遺品整理についての指示や要望
会員証、重要書類、証明書等の保管場所
債務の有無について（有の場合は債権者や
金額、契約書のありか等）　など

5 交友関係について
親戚友人等の連絡先リスト　など

6 デジタル終活について
パソコンのログインID・パスワード
ネットバンキングのログインID・パスワード
クレジットカードの会員サイトのログインID・
パスワード、有料会員サイトの利用状況
その他の重要なWEBサイトのログインID・
パスワード　など

7 その他
家族にあてたメッセージ

急パソコンにログインして調べものをしたい場合を想定し、パソコンのログイン情報などもエンディングノートに書いておくとよいでしょう。

エンディングノートに書いておきたいこと

小春　自分が死ぬときのことを想像すると、しんどくなるわね。

吉田　そうだね。死ぬときはコロッといきたい。延命治療はしてほしくないな…。

先生　「延命治療をしてほしくない」と思っている人はエンディングノートに書いておくとよいです。

小春　そういうことも書いていいの？　私も延命治療はやめたいです。痛いのや苦しいのは苦手だし…。

　エンディングノートには、自分が亡くなる前と、亡くなったあとの「こうしてほしい」という希望を書いておくと、遺族が対応に迷わずに済みます。遺言書に書くような相続財産のことでなくても、たとえば「たくさんの本は図書館や施設に寄付してほしい」といったちょっとした希望から、「延命治療はやめてほしい」といった重要な希望なども書いておくとよいでしょう。

　しかし、「延命治療はしないでほしい」とエンディングノー

トに書いておいたとしても、主治医が本人の意思や希望を必ずしも尊重できるとは限りません。

　エンディングノートに書いた希望は家族に宛てたものなので、厳密にいえば「家族が主治医に相談してほしい」という趣旨の記述と考えるのが妥当です。つまり、このケースでは、エンディングノートに書いた「延命治療はしないでほしい」という自分の希望が必ず実行されるとは限りませんが、本人の意向を家族が知ることで、家族が主治医に相談する機会を作ることはできます。

　なお、寝たきりなど患者が医師と意思疎通できなくなった場合を想定し、病院から「事前指示書」という書面を渡されることがあります。これもエンディングノート同様に法的効力はありません。

　エンディングノートは法的文書ではありませんが、これからの時代は法的効力のある遺言書さえ書いておけば十分ということでもありません。現代人の老後は、認知症や寝たきりになってから亡くなるまでの期間が長くなっています。その間に想定される自分の様々な希望をエンディングノートに書いておけば、亡くなるまでの時間をよりよく過ごせる助けになるでしょう。

遺言書の付言事項とは？

吉田　エンディングノートには何でも自由に書いていいからお手軽ですね。

小春　そうよね、遺言書には法的拘束力があるから、余計なことは書けないわよね。

先生　いえ、遺言書にも余計なことを書いてよいのです。

吉田　え？　遺言書にも余計なことを書いてもいいんですか？

先生　はい。遺言書にはメッセージや希望などを自由に書いてよいのです。その部分を付言事項といいます。

小春　ふげんじこう？

　エンディングノートに自分の希望を自由に書いておくほうがよいと述べました。では、遺言書にも自由に自分の希望を書いてよいのでしょうか？

　たとえば、遺言書に「末永く兄弟仲良く暮らすように」と書いたとします。この場合、「兄弟仲良く暮らす」というのは、法的には意味を持ちません。このように、法的意味を持たない部分を、遺言の「付言事項」といいます。要するに、"おまけ"の記述にすぎませんが、"おまけ"の部分があったとしても、遺言書全体が無効にはなりません。理屈としては、遺言書にもエンディングノート同様に、何でも自由に書けるのです。

ただ通常は、遺言書には法律に基づいた内容を書くものです。そもそも遺言書の記載には、書くと法的に意味を持つこと（遺言事項）と、書いても意味を持たないこと（付言事項）があります。遺言事項としては、たとえば子供の認知をしたり、財産を分与したりすることなどがありますが、遺言書を書く理由は、基本的には遺言事項のほうにあるわけです。遺言書の付言事項として、細かな希望を書いてもかまいませんが、何かメッセージ的なことを自由に書きたいと思うなら、エンディングノートに書くほうがよいでしょう。

 あんみつ先生のチェックポイント

● エンディングノートには自由に希望などを書いてよいが、書いた内容には法的拘束力がないので、実現するかどうかわからない。
● 遺言書を書いたら、その旨や保管場所などをエンディングノートに書いておくとよい。
●「延命治療は望まない」などの希望は、遺言書ではなくエンディングノートに書くほうがよい。
● 自分の思い、希望、メッセージなどは遺言書の付言事項に書いてもよいが、エンディングノートに書いておいたほうがよい。

お葬式や埋葬の方法の希望は
どう書いて伝える？

自分のお葬式の希望を書いておく

吉田 最近は家族葬が流行りですが、私は自分の葬儀を盛大にやってほしいです。

先生 葬儀に関する希望をエンディングノートに書くことは、もはや終活の定番。吉田さんもエンディングノートに書いておいたらどうですか？

吉田 いいですね！ 盛大な葬儀を生前に下準備しておきたいです。

小春 あなたは目立ちたがり屋なのよね。盛大だなんて、お金がもったいないわ。

　遺族には、エンディングノートに書かれたことを実行する義務はありません。しかし本人が生前、葬儀の費用を残し、段取りまでしっかり作っておけば、遺族は希望をかなえようという気持ちになるかもしれません。

　埋葬方法の希望も単に書きっ放しではなく、自ら具体的に準備し、手順などもエンディングノートに書いておくことで、

実現可能性は高まることでしょう。

　1章で「終活は自己決定的な行為である」と説明しました。自分の人生の終わりを具体的に決めておけば、自分の死後、遺族が対応に迷わずにすみます。自分の葬儀をコーディネートするつもりで、エンディングノートを活用しましょう。たとえば、葬儀会社と契約済みであることをメモしておく、遺影用の写真を挟んでおくなどです。

　また、自分の死を伝えたい人や親しい人の連絡先一覧などもエンディングノートに記載し、ちょっとしたコメントを書いておくと遺族は助かります。

自分の埋葬方法の希望を書いておく

先生　小春さんは埋葬方法についての希望はありますか？

小春　私は散骨に憧れるわ。エーゲ海に散骨してほしいわね。

吉田　エーゲ海まで散骨しに行ったら飛行機代もばかになりません。もっと近場にしてもらえませんか？

先生　あくまでも本人の希望ですから。

　お寺の墓地に埋葬されると、当然、お墓の維持管理は遺族の誰かが行うことになります。近年、葬儀や埋葬方法に関する考え方は急速に変化しています。お墓を維持する費用の負担や管理の手間を子供に負わせたくないなどの理由で、最近は樹木葬や散骨等の自然葬で済ませているケースも増えています。

　埋葬方法の希望がある場合には、エンディングノートに書くことが多いですが、遺言書に書いてもかまいません。ただし、遺言書に書いても法的効力を持たない事項（付言事項）であるため、遺族はその希望に従う義務はありません。そもそも、故人をどのように埋葬するのかは遺族の信教の自由ということになります。

　また、日本には散骨を直接規制する法律はないので、散

骨すること自体は問題がありませんが、自分たちで安易に行うと刑法の死体遺棄罪、民法の不法行為責任などが問題となる可能性があります。そのため、散骨を希望するのであれば、散骨の専門業者などに相談するほうがよいでしょう。

葬儀費用を遺族が工面できるか心配なとき

先生　お葬式の費用は、一般的には100万円から200万円くらいかかるそうです。

吉田　いきなり葬儀の請求書がきて、払えない遺族もいますよね。

小春　そうね。でも遺産で払えばいいんじゃない？　故人の銀行預金はおろせないの？

先生　実は、共同相続の場合は、原則として、被相続人の預貯金は遺産分割が終わるまでは引き出せないのです。民法改正前は、この点が不都合でした。

　高額の葬儀費用を誰が負担するか、遺族にとっては大きな問題です。葬儀費用は突然の出費で、しかも想定以上になるケースも多いようです。相続財産の中に預貯金があれば、遺族はそれを使いたいと思うかもしれません。

　しかし、原則として亡くなった人の銀行口座は、遺産分割が決着するまでは凍結されたままなので、遺族が資金繰りに困ることも考えられます。そこで2019年の民法改正で

遺産分割前でも相続財産の預貯金の「仮払い」が認められるようになりました。

　ただし、以下の3点に注意が必要です。
　第1に共同相続の場合、相続人それぞれが仮払い制度で預貯金を引き出せるという点です。相続財産は遺産分割の成立までは共有なので、本来は遺産分割前に単独では

●仮払い限度額の計算の仕方

ケース事例　・被相続人の銀行口座残高300万円
　　　　　　・相続人が子供2人

計算式 **銀行口座残高×3分の1×法定相続分**

相続人が子供2人の場合、法定相続分は2分の1となる
計算式にあてはめると…
300万円×1/3×1/2＝50万円＜150万円

子供**1**
の限度額

50万円

子供**2**
の限度額

50万円

引き出せないはずですが、例外的に引き出せるのです。

　第2に、この仮払い制度を利用すれば、家庭裁判所の判断なしに引き出すことが可能です。

　第3に、この仮払いには限度額があります。引き出せるのは預貯金の一部です。具体的には、「預貯金×3分の1×法定相続分」が限度額となります（前ページ図参照）。なお、各金融機関の払戻し限度額は1行あたり150万円までとなっています（2023年10月現在）。

 ## あんみつ先生のチェックポイント

● 自分の葬儀や埋葬方法に希望があるなら、エンディングノートに書いておくとよい。
● 散骨を直接的に制限する法律はないが、他人の土地にかってに遺骨をまいたりすると、民法の不法行為責任を問われるケースもある。
● 共同相続の場合、遺産分割前に被相続人の預貯金の一部を仮払いできる。

2-❺

自筆証書遺言を
書くときの注意点

自筆証書遺言には何を書く?

先生 遺言の試作品を書いている途中すみませんが、財産目録は手書きだと書くのが大変ではないですか?

吉田 そうそう。財産目録は自筆でなくてもよかったんだ。

小春 あなた、先に財産目録を書いてるの?

吉田 そうだよ。財産を分け与えるために遺言をするのだから、財産目録を先に作らないといけないかと。

小春 そうか! さすがね。

先生 財産目録は、今はパソコンで作成してもOKですが、銀行通帳や不動産登記事項証明書をコピーして、財産目録として添付することもできます。

　自筆証書遺言に書く内容や形式は法律(民法)で定められていますが、意外とシンプルです。自筆が必須の条件で、①遺言作成年月日、②遺言者の氏名、③遺言内容を必ず記載しなければなりません(次ページ図参照)。

　年月日については、日付が特定されていなくてはならない

ので、たとえば「吉日」などの書き方では無効です。遺言者の氏名については記載必要、住所は記載不要ですが、氏名とあわせて住所を記載してもかまいません。

　遺言書は1人ひとりが単独の名義で書くものなので、た

●遺言書に書く内容の例

重要度1	・遺言書作成の年月日 ・遺言者の氏名
重要度2	・誰に何をどれくらい相続させるか ・相続分を指定する ・遺贈
重要度3	・遺言執行者を指定する ・遺産分割方法を指定する ・遺産分割を禁止する
重要度4	・祭祀財産承継者（お墓の管理人のようなもの）を指定する ・寄附をする、あるいは信託の設定をするなど ・（隠し子の）認知をする ・推定相続人の廃除をする ・（自分が親権者で死亡後の）未成年後見人、未成年後見監督人を指定する

とえば夫婦2人で連名の遺言書を作成することはできません。また、15歳以上にならないと遺言はできないので、15歳未満では遺言書を作成できないということになります。

また、押印も必要なので印鑑の用意も必要です。印鑑は認印でもかまいませんが、偽造の疑いをかけられないように実印を押すのが通例です。いずれにせよ、印鑑が押されていない遺言書は無効となります。

次に、遺言書に使用する用紙についてですが、特別な用紙を新たに購入しなくても便せんなどで十分です。筆記具も、鉛筆やフリクションでかまいませんが、誰かが書き換える可能性もあるので通常は使いません。油性のボールペンや万年筆がいいでしょう。

遺言書を書いたあと、書き損じた遺言書はシュレッダーにかけるなどしてきちんと廃棄処分しましょう。完成した遺言書は、封をする前にコピーを取っておき、自分用に持っておくとよいでしょう。

財産目録を作成するときのポイント

小春　うちの財産なんて少ないけど、あらためて考えると子供たちにどう分けるか悩むわね。

吉田　どの財産から決めるべきか難しいね。

70

先生　分けられない財産は、誰か1人に相続させることになりますよね。

小春　そうですよね。

先生　金額の大きな財産で、かつ分けられない財産を誰に与えるか、最初に決めるといいですよ。

吉田　それって普通は不動産ですよね。

先生　はい。不動産から先に決めるといいですよ。

　遺言書には財産目録を添付します。自筆証書遺言でも財産目録は手書きでなくてよいので、パソコン上で財産を漏れなくリストアップします。リストに漏れがあると、遺産分割を考えたあとで、もう一度考え直さなければなりません。なお、パソコンで作成した場合は、1枚1枚に署名と押印が必要です。

　財産目録を作成したら、その内容にそって財産の分け方を具体的に考えていきますが、ポイントの1つは不動産です。

　居住用不動産はそこに住む予定の相続人に与えるのが自然です。そのほかの不動産も用途に応じて分け方を決めていきます。そのあとで、預貯金等の金融資産を全体のバランスを図りながら振り分けます。

　使う予定がない不動産は、どう処分するか考える必要が

あります。相続が発生したあとに相続人たちの共有としておくと、将来その不動産を売却したくても、誰か1人が反対したら売ることができません。共有物を処分するには、共有者全員の同意が必要だからです。

　その点を考えると、生前にメリット・デメリットを考慮したうえで不動産を売却し、金融資産として相続させるほうが得策です。あるいは、遺産分割の方法について遺言で「換価分割」（117ページ参照）を指定するということも考えられます。

　ところで、財産分与の1つの方法として、たとえば長男に4分の3、次男に4分の1などと相続分を割合で指定することもできます（「相続分の指定」）。こう記せば財産を特定する必要がないので財産目録は不要です。

　しかし、誰に何を残すか特定していないので、のちのち相続人たちが遺産分割協議で話し合う必要が出てきます。このときトラブルになることがあるので、遺言書を書く際には財産目録も作成して、誰に何をどれくらい相続させるのか明示しておきましょう。

早めに遺言書を作るときの相続分の指定方法

👩 小春　大変だったけど、財産目録が正確にできあがったわ。

🧑 先生　でも、遺言書を作成した時点の財産が、自分が亡くなっ
　　　　たときと同じということはないですよね。普通は減少します。
🧓 吉田　そう言われれば、そうですね。
🧑 先生　元気なうちに遺言書を書くと、亡くなるまでに時間があ
　　　　りますから当然です。

　終活では、遺言書を早めに作っておくほうがよいといわ
れます。しかし、早く作れば作るほど、のちのちの資産状
況とは変わってきます。資産状況が大きく変われば、遺言
書や財産目録の内容も改める必要が出てきてしまいます。
　そこで、早めに遺言書を作るときには、相続分の指定で
済ませるほうがよいこともあるでしょう。相続財産が流動性
の高い資産で構成されている場合や、今のところ財産がほ
とんどないが将来相続する見込みのある場合などです。

　相続分を指定するときは、将来の遺産分割を見据え以
下の点に注意します。
①相続人それぞれの遺留分（99ページ参照）を侵害しない
　ように相続分の指定をする
②遺産分割の方法を指定しておく

　ただし、相続分を分数で指定するやり方のままでは、相
続財産を特定した分け方ではないので、遺産分割協議の

際にトラブルになる可能性があります。そこで、いずれは「誰に、何を、どれくらい分け与えるのか」を記載した遺言書を作成するほうがいいでしょう。

 あんみつ先生のチェックポイント

● 自筆証書遺言には、遺言の作成年月日を書かなくてはいけないが、「吉日」のような書き方では日付が特定されていないので、遺言書は無効になる。
● 15歳未満の人は遺言をすることができない。
● 財産目録の中の現預金については、不動産よりもあとに財産分与の方法を決めるとよい。
● 相続分を指定しただけの遺言は、財産目録がなくてもかまわないが、のちに遺産分割協議をすることになるため、相続争いのもととなる可能性がある。

2-❻

遺言書を作成したあとで気を付けたいこと

遺言書の内容は誰が実現してくれる？

👨 先生　遺言内容を実現してくれるのは誰だと思いますか？

👴 吉田　相続人ではないですか？

👩 小春　せっかく書いた遺言書なのだから、書いたとおりにしてほしいわ。

👴 吉田　信頼できる人に預けておくほうがいいのかな？

　遺言書に書いた内容は自分の死後に実現されるものです。自分の希望をいくら遺言書に書いても、その内容が実現されるかどうかは不確かです。そこで、遺言内容を実現するため「遺言執行者」を置くことがあります。

　遺言執行者は遺言者本人が指定するか、または第三者に指定を委託することもできます。遺言執行者がいる場合には、遺言執行者以外の人は執行手続きをすることができません。遺言執行者が責任をもって遺言を実現します。

　この点、共同相続では、遺言執行者がいなければ共同相続人全員で遺言内容を実現することになります。とする

と、相続人たちが不仲であるなどの事情があって、相続手続きを協力してできないと予測されるなら、遺言執行者の指定は非常に意味があることといえます。ただ、遺言で頼む場合、頼まれた人が承諾をしなければ始まりません。遺言執行を引き受けてくれるかどうかの事前確認が必要です。

　なお、推定相続人の廃除をする（88ページ参照）、一般財団法人の設立をするなども遺言によって可能です。このような遺言をする場合は、遺言執行者がその手続きを進めることになるため、遺言執行者の指定、または第三者への指定委託が必要的となります。

遺言書の書き直しはできる？

先生　政治家の失言ではないですけど、遺言にまずいことを書いたなと思ったら、本人は自由に撤回できるんです。

小春　そうなの!?

吉田　これまで書くのをためらっていたけど、遺言書を自由に撤回できるなら、気軽に書いてみようと思えるね!

　遺言者は遺言を通じて相続人に贈与の義務を負っているわけではありません。相続権というのは期待権にすぎません。したがって、遺言者は原則として遺言を自由に撤回できます。

遺言の撤回に関しては、①いつでも、②遺言の方式に従って、③遺言の全部または一部を、撤回することができる、と民法に書いてあります。また、遺言者が故意に遺言書を破棄したとき、その破棄した部分については撤回したものとみなされます。

では、遺言書を書き直した場合を考えてみましょう。新たに遺言をするとき、新旧の遺言に抵触している部分と、抵触していない部分があるとすると、そこが問題となります。

矛盾のない部分については、古い遺言書に書かれている内容が依然として生きています。抵触するところだけが撤回の対象なのです。したがって、遺言を書き直した場合は、新しい遺言が古い遺言を補充することになります。

遺言書の保管はどうすればよい?

👤先生　書いた遺言書の内容を忘れてしまう人がいます。

👤吉田　遺言書を読んで思い出せばいいのでは?

👤先生　でも、あの自筆の遺言書、自宅のどこに隠したんだっ
　　　　け…という場合もあるかと。

👤小春　ありそうな話ね。

　遺言書を作成したら、次は保管が問題となります。自宅
に保管するのが悪いということではないのですが、その場
合は紛失、失念、盗難、偽造等のおそれがあることに注
意が必要です。また、自分しか知らない場所に隠したりす
ると、せっかく書いた遺言書が発見されないままで相続手
続きが終わり、その後、忘れた頃に発見されてトラブルに
なることもあり得ます。

　そこで、自筆証書遺言を自宅には保管せず、作成後すみ
やかに信用できる第三者に預ける方法がおすすめです。た
とえば、預け先は取引銀行の貸金庫や顧問弁護士などが
考えられますが、法務局に自筆証書遺言を預ける便利なサー
ビスもあります。

　このサービスを利用するための必要書類は、自筆証書遺
言のほか、本籍および筆頭者の記載のある住民票、運転

免許証等の本人確認書類です。なお、法務局のスタッフ（遺言書保管官）は遺言の内容に関してのチェックやアドバイスなどはしてくれませんが、遺言書の形式についてはチェックしてくれます。

死後、誰が遺言書を開封する?

😊先生　封のされていない遺言書も有効なのだけど、遺言書を書いたら、たいてい封をしますよね。誰かがその封を勝手に開けて中身を見るのはどうなのでしょうか?

😊小春　それはマズいわよ。

😊先生　さて、本人が死んだあと、遺言書は誰がどのように開封するのでしょうか?

　遺言書の封は家庭裁判所で開けることになっていますが、これを「検認」といいます。発見者や相続人や代理人がその場で開封すると争いの元となるからです。たとえば、あとで自分に都合のいい遺言にすり替えたのではないかとか、そういうことが相続人間で問題となり得ます。そこで家庭裁判所に持参し、封を開けることにしているのです。

　検認には、1〜2か月程度の時間がかかります。その間は遺言の執行を開始することはできません。

封のされていない遺言書も有効ですが、封のされている遺言書と同様に扱い、こちらも検認をしなくてはなりません。

　検認が済むとようやく検認済の証明書を得ることができます。これにより遺言書に基づき様々な執行が実際に可能となります。

　ただし、公正証書遺言と、法務局の遺言書保管制度を利用した場合の自筆証書遺言については、いずれも検認が不要なため、早めに遺言の執行に取りかかることができます。

 ## あんみつ先生のチェックポイント

● 遺言執行者の指定を遺言で第三者に委託できる。

● 遺言者は、いつでも遺言を自由に撤回することができる。

● 自筆証書遺言の場合、遺言書は封がされていなくても家庭裁判所で検認が必要である。

● 公正証書遺言なら検認の手続きは不要であり、また、法務局の遺言書保管制度を利用している場合も検認は不要である。

3章

避けては通れない
相続の基礎知識

3-❶

相続のキホンの
法定相続とは

法定相続人はどう決められている?

小春 遺言書の書き方はわかったけど、相続についてはまだよくわからないわね。

吉田 そうだね、相続に関しての法律もあるよね。

先生 民法で定められている相続の原則を法定相続といいます。遺産相続における相続人や相続分については、基本的なルールがあります。まず、その原則を知っておきましょう。

吉田 もし、基本的なルールと異なった財産の分け方をしたいなら、遺言書を書いておくということですよね?

先生 そうです!

　相続人の範囲は法律で定められており、「法定相続人」と呼ばれます（次ページ図参照）。本人に配偶者がいれば、まず配偶者が相続人となります。

　親族は、本人側と配偶者側に分けられますが、本人側の親族を血族、配偶者側の親族を姻族といい、配偶者以外の姻族

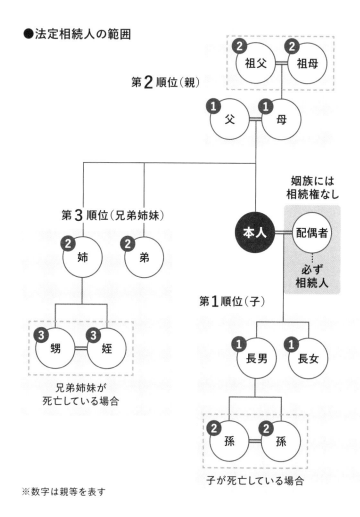

●法定相続人の範囲

第2順位(親)

祖父 ② ② 祖母

父 ① ① 母

姻族には
相続権なし

第3順位(兄弟姉妹)

姉 ② ② 弟

本人 配偶者

必ず
相続人

第1順位(子)

甥 ③ ③ 姪

長男 ① ① 長女

兄弟姉妹が
死亡している場合

孫 ② ② 孫

子が死亡している場合

※数字は親等を表す

- 代襲相続に関しては、相続人廃除、相続欠格事由該当の
  場合も死亡と同様に代襲相続が認められるが、
  相続放棄の場合は認められない。

- 認知された子供、養子も第1順位の子供となる。

には相続権はありません。たとえば、再婚した際の連れ子や、義父義母には相続権はありません。

　これに対して、血族には相続権がありますが、配偶者がいる場合は配偶者と血族の誰かの組み合わせとなり、血族のなかで優先順位があります。

　第1順位は子供、第2順位が親、第3順位が兄弟姉妹です。この順番で相続人が決まる仕組みです。つまり、第1順位の人がいれば、第2順位と第3順位の人には相続権がないということです。したがって、子供がいる場合には配偶者と子供が共同相続人となります。子供がいない場合は第1順位が空席になるので、第2順位の本人の父親・母親が配偶者と共同相続をすることとなります。親がいない場合は第2順位も空席となるため、第3順位の本人の兄弟姉妹と配偶者の共同相続となります。

　ただし、血族の相続人の確定に関しては、「代襲相続」という制度を知っておく必要があります。代襲相続とは、相続人となる予定の人（「推定相続人」）が本人の死亡前に死亡していた場合や、あるいは「相続欠格」や「廃除」によって相続権を失った場合に、相続権を失った人の子供が相続権を得ることを認める制度です。

　この制度により、第1順位に代襲相続人がいる場合には、第2順位に相続権は移りません。たとえば、本人の子供がす

でに死亡している場合、子供に孫がいれば孫が第1順位として代襲相続をすることになります。

　なお、代襲相続は次の代のみならず、その次の代にも及びます。代襲が重なったときの2回目以降の代襲を「再代襲」といい、基本的な仕組みは代襲相続と同様です。ただし、第3順位の兄弟姉妹に関しては再代襲が認められていません。

　次に、子供の相続権について見てみましょう。まず、認知された子供は、第1順位の子供として相続権があります。もし認知していない子供に相続をさせたいのであれば、遺言で認知をすることが考えられます。

　また、実子のみならず養子も、第1順位の子供として相続することができます。たとえば、連れ子には相続権がありませんが（連れ子は姻族であるため）、もし連れ子にも実子と同じく相続させたいのであれば、養子縁組をすることが考えられます。

　法定相続人が確定したら、次は法定相続分を確定する必要があります。配偶者と子供（第1順位）の組み合わせなら、相続分は配偶者2分の1、子供2分の1です。しかし、配偶者と父母（第2順位）の組み合わせだと、配偶者が3分の2、父母3分の1となります（次ページ表参照）。

　さらに第3順位との組み合わせになると、相続分は配偶者が4分の3、兄弟姉妹が4分の1となります。

　なお、同順位の相続人が複数いる場合は、それぞれの相続

分を求めるには、相続分を人数で割ることになります。たとえば夫が亡くなって、妻と子供3人の共同相続の場合は、まず妻が2分の1、子供2分の1となります。次に子供3人の相続分は2分の1を3で割って、それぞれ6分の1ずつとなります（下表参照）。

●配偶者とその他相続人の法定相続分

配偶者の法定相続分		左記の者の法定相続分	合計
	配偶者が不在で、その他の相続人がいる場合	1	1
$\dfrac{1}{2}$	第一順位 子供〜孫（代襲相続）〜直系卑属	$\dfrac{1}{2}$	1
$\dfrac{2}{3}$	第二順位 父母〜祖父母〜直系尊属	$\dfrac{1}{3}$	1
$\dfrac{3}{4}$	第三順位 兄弟姉妹〜その子供 （代襲相続）まで	$\dfrac{1}{4}$	1
1	配偶者以外すべて不在		1

相続権を失う場合とは？

先生　法定相続人でも相続権を失うケースがあります。たとえ
　　　ば、子供が遺産欲しさに父親を殺害したというようなケー
　　　スです。

小春　それはさすがに権利はなくなるでしょ！

先生　ほかの例として、自分に不利益な遺言を発見して、故
　　　意にその遺言を破棄したような場合も相続権を失います。

吉田　それもさすがに権利はなくなるでしょ！

　法律には、相続人が相続権を失う場合（「相続欠格事
由」）がいくつか書かれています。これに該当すると問答無
用で相続人から外されます。この事由は、遺産を相続する
人間としてふさわしくない行動や態度をとった場合です。

　たとえば、①わざと被相続人や自分より先順位または同
順位の相続人を死亡させて（または死亡させようとして）
刑に処せられた者、②詐欺または強迫により、被相続人に
遺言をさせたり、遺言を撤回させたり変更させたりした者、
③被相続人の遺言書を偽造、変造、破棄、隠匿した者な
どです。

　相続欠格によって相続人ではなくなった場合、その相続
人が死亡した場合と同様に考えて、代襲相続（84ページ

参照）が認められます。したがって、相続欠格に該当した人に子供（被相続人からみて孫）がいれば、その子供が代襲相続で相続権を引き継ぎます。

　次に、被相続人に相続人が虐待や重大な侮辱をした場合や著しい非行があった場合は、相続権をはく奪することができます（「相続人廃除」）。しかし、この場合は問答無用で相続権をはく奪できるのではなく、被相続人が家庭裁

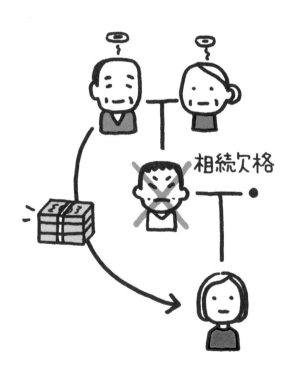

判所に相続人の廃除を請求し、審判で勝たなければなりません。ただし、侮辱が重大かどうか、非行が著しいかどうかという線引きは難しく、廃除はなかなか認められません。

　廃除の対象となる相続人は、遺留分が認められている相続人です。遺留分のある相続人は、のちに遺留分を請求して遺産の一部をもらうことができるため、廃除の手続きをしておく必要があるわけです。これに対し、もともと遺留分のない相続人に関しては、遺言で相続人から外してしまえばよいので、廃除手続きが不要となります。

　なお、廃除手続きにより相続人ではなくなった場合、その人が死亡した場合と同様に考えて、代襲相続が認められます。したがって、廃除された人に子供（被相続人からみて孫）がいれば、その子供が代襲することになります。

遺贈とは遺言で贈与すること

先生　連れ子や内縁の夫もしくは妻には相続権がありません。彼らは法定相続人ではないため、相続の際に何ももらえないのが原則です。

小春　どうにかなりません？　ちょっと時代に合わない気がしますけど…。

先生　そういう場合は、その人に財産をあげたいということを遺

言書に書いておけばいいのです。これを遺贈といいます。

　遺言で法定相続人以外の人に相続財産を分け与える（贈与する）ことを「遺贈」といいます（ただし、法定相続人にも遺贈することは可能）。遺贈には「包括遺贈」と「特定遺贈」があり、遺言者はどちらかの方法を選ぶことができます。

　たとえば、「全財産の2分の1をAさんに与えます」というのが包括遺贈です。包括遺贈では財産が特定されておらず、割合を指定します。他方、「北海道の別荘をAさんに与えます」というのが特定遺贈で、分け与える財産が具体的に決まっています（次ページ表参照）。

　特定遺贈とは、遺言により具体的に財産を特定して遺贈することです。法的には売買や贈与をした場合とほとんど同じで、複雑な問題はありません。

　これに対して包括遺贈は、遺言により財産の全部、または一部（2分の1、3分の1などを示す）を遺贈することです。

　包括遺贈は相続に準じた扱いとなります。包括遺贈の受遺者のことを「包括受遺者」といいますが、包括受遺者は相続人とほとんど同じ立場となります。したがって、包括遺贈があった場合には、相続の手続きは包括受遺者を含めて進める必要があります。この場合、相続人たちは見知ら

ぬ他人と協力しなくてはならないので、難航することが想定
されます。

　たとえば、包括受遺者は遺産分割協議に参加することに

●包括遺贈と特定遺贈の違い

※前ページ本文の例による

	包括遺贈	特定遺贈
遺贈の方法	相続財産の「½」を遺贈する	「A物件」を遺贈する
遺産分割協議	遺産分割協議に出席する	出席しない
マイナス財産	借金も引き継ぐ	A物件のみ取得する
放棄の方法	相続放棄の手続きによる必要がある。家庭裁判所の申述の手続き、期限あり	相続人に対する単なる放棄の意思表示でよい。また期限もない
A物件を取得した場合の不動産取得税	非課税	課税

なりますが、ここで包括受遺者が自己の権利を主張し、折り合わなければ遺産分割協議は成立しません。

　なお、包括受遺者は相続人に準じた扱いとなるため、借金などのマイナス財産も同時に受け継ぐことになります（次ページ参照）。

 ## あんみつ先生のチェックポイント

● 相続人は、相続欠格事由に該当すれば相続権を失う。

● 相続人を廃除するためには、被相続人が家庭裁判所に請求をして、廃除の審判で認められなければならない。

● 遺言で贈与をすることを遺贈といい、遺言者は何を分け与えるか具体的に決めないで遺贈することもできる。

● 包括受遺者は基本的に相続人と同じような扱いとなり、協議にも参加して、自らの権利を主張することができる。

遺言する際には
借金と遺留分に注意

借金したまま亡くなったら?

吉田 先日、亡くなったお隣のおじいさん、実は借金があったんだって。

小春 隠居暮らしの割には、羽振りがいいと思ったわ。残された借金は、相続人たちが肩代わりしないといけないのかしら?

吉田 子供たちは遺産はほしいだろうけど、借金はいらないよね。

先生 そう都合よくはいかないんですよ。原則として、相続人はプラス財産(資産)とマイナス財産(負債)の両方を相続するのです。

小春 子供たちには借金を背負わせたくないわよね。

　借金がある被相続人の財産を相続する場合、原則として相続人は借金も引き受けることになります。ただし、相続人は相続放棄をすることで、すべての財産および負債を相続しないという選択ができます。

また、「限定承認」という選択肢もあります（下図参照）。限定承認とは、資産と負債の合計がプラスなら相続し、マイナスなら相続しないというものです。限定承認をしておけば、相続はしたが借金と相殺してから赤字になるということがなくなるため、相続人は安心です。

●単純承認、限定承認、相続放棄の内容

単純承認
① プラス財産、マイナス財産すべてを引き継ぐ
② 相続人それぞれができる
③ 通常の相続手続きを進めればよいので単純承認は手続き不要

限定承認
① プラス財産とマイナス財産を合計して、プラスの場合のみ引き継ぐ
② 相続人全員でなくてはいけない（他の相続人が単純承認をすれば限定承認は不可）
③ 家庭裁判所の申述手続きが必要で3か月のタイムリミットあり

相続放棄
① 何も引き継がない
② 相続人それぞれができる
③ 家庭裁判所の申述手続きが必要で、3か月のタイムリミットあり

相続放棄と限定承認には、タイムリミットがある点に要注意です。相続人は相続の開始があったことを知ったときから3か月以内に手続きをする必要があります。手続きとは、家庭裁判所の「申述手続き」のことで、家庭裁判所の外で他の相続人などに相続放棄の意思を伝えるだけでは意味がありません。たとえば、遺産分割協議のとき、他の相続人に対して相続放棄をすると言っても、それだけでは法的に相続放棄をしたことにはなりません。

　相続の際には、故人の借金の有無などはとくに調べたりもせず、流れに任せて手続きを進めてしまうケースも多いでしょう。このように、単に相続することを「単純承認」といいます。しかしその結果、知らぬ間に親の借金が子供たちの借金になってしまうこともあります。
　そうならないように、とりあえず限定承認をすればいいと考える人がいるかもしれません。ただし、限定承認は共同相続人「全員」でする必要があります。したがって、もし他の相続人が単純承認を先にしてしまえば、その結果、共同相続人の誰もが限定承認の選択肢を取れなくなります。

　また、たとえば共同相続人の誰かが遺産を売却すると、単純承認をしたとみなされるため（「法定単純承認」）、この場合も他の相続人は限定承認ができなくなります。

なお、限定承認が選べなくなった場合、借金の相続を避けるためには相続放棄をするしかありません。相続放棄は共同相続人全員でする必要がなく、相続人それぞれができます。

相続人が借金を引き継いだらどうなる？

先生　実際に、相続人が借金を引き継いだとします。借金の債権者の立場としては突然の話で、ビックリです。

吉田　たしかにそうですよね。故人に対して貸していたのに、あるときいきなり、相続人に貸していることになってしまいますよね。

先生　故人は返済の意思があったのに、相続人は返済をしてくれないかもしれません。債権者としては、債務者の相続は気になるモンダイです。

　共同相続人が借金を引き継いだ場合、その後、借金の返済や負担に関してどのような問題点があるのか考えてみます。たとえば、故人に900万円の借金があり、相続人は3人（Aさん、Bさん、Cさん）で、それぞれの相続分は3分の1ずつとします（次ページ図表参照）。
　債権者との関係では、相続人A、B、Cそれぞれ、借金900万円全額を支払う義務を負います。ここでは3つの注意点があります。

●共同相続人が借金を引き継いだ場合どうなる?

| ケース | 故人に900万円の借金があって、共同相続人Aさん、Bさん、Cさんが引き継いだ（それぞれの法定相続分はすべて3分の1） |

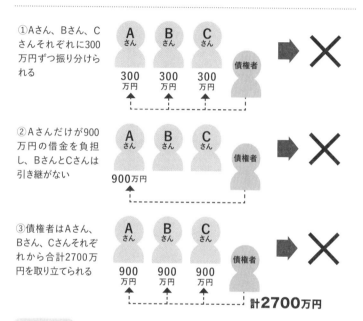

①Aさん、Bさん、Cさんそれぞれに300万円ずつ振り分けられる

②Aさんだけが900万円の借金を負担し、BさんとCさんは引き継がない

③債権者はAさん、Bさん、Cさんそれぞれから合計2700万円を取り立てられる

たとえば…

Aさんが900万円全額を債権者に返済する
その後、BさんとCさんがAさんに対してそれぞれ300万円を返す

1つ目は、故人の借金がA、B、Cにそれぞれ300万円ずつ振り分けられるのではないということです。

　2つ目の注意点は、Aだけが900万円の借金を負担し、BとCは借金を引き継がないということはできないということです。少なくとも債権者をさしおいて、相続人たちの間で借金を遺産分割することはできません。債権者の利益を害する不当なものだからです。ただし、債権者が同意すれば、免責的債務引受けとして可能になります。

　3つ目の注意点は、債権者は3人から合計2700万円を取り立てられるというのはおかしな結論である、ということです。そこで、たとえばAが900万円全額を債権者に支払った場合には、債権者は満額を回収できるので他の2人は債務を免れることになります。

　続いて、借金の返済をしたあとはどうなるのかについてです。相続人ABCの間では、各自負担割合があると考えられています。ここではABC各自が均等に300万円の負担を負っているものと考えます。したがって、900万円を支払ったAは、のちにBとCに対して300万円ずつ請求することができます。

遺留分は遺言でも奪えない取り分

🧑 吉田　たとえば私が死んだら私が被相続人で、家内と2人の子供が共同相続人です。このとき、3人で遺産分割協

98

議をするわけですよね?

先生　遺言をしていなければそういう流れになります。

小春　私の取り分は2分の1ですよね?

先生　はい。法定相続分が理解できましたね。配偶者2分の
　　　1、子供2分の1ですね。子供が2人いる場合はそれぞ
　　　れが4分の1ずつです。ところで、法定相続分とは別
　　　に、遺留分という取り分があります。配偶者と子供の
　　　遺留分は法定相続分の半分です。

小春　遺留分って何ですか?

　相続人は相続分のうちの一部を最低限の取り分として持っ
ています。これを「遺留分」といいます。遺留分は遺言によっ
ても奪えない取り分で、原則として法定相続分の半分です。
法定相続人の中には遺留分のある人とない人がおり、被相
続人の兄弟姉妹には遺留分はありません。

　遺留分がある相続人が遺産をもらっていない場合は、そ
の相続人は、遺産をもらいすぎている他の相続人や遺贈を
受けた人（受遺者）などに対し、遺留分の権利を主張する
ことができます。この権利を「遺留分侵害額請求権」とい
います。その名のとおり遺留分は権利なので、遺留分を主
張するかどうかはその人の自由です。したがって裏を返せ
ば、遺留分に配慮しない遺言をしても別にかまわないとい

うことです。

　しかし通常の場合、遺留分がある相続人は自分の権利を主張して、遺留分をきっちりもらおうとするでしょう。そう考えると、遺留分を侵害した遺言書を書くことはできますが、将来のトラブルの可能性を考えると、遺留分に配慮した遺言書を作成するほうがよいといえます。

　なお、生命保険金については遺留分の請求の対象外です。生命保険は受取人を指定すれば、その指定された人だけが全額を受け取れる仕組みです。法的には生命保険金は受取人の固有財産であり相続財産ではないので、遺産分割の対象にもなりません。
　これが原則なのですが、遺留分の侵害にならないという結論が著しく不公平である場合は、例外的に、保険金は相続財産に持ち戻しがされます。その場合は遺留分侵害にもなると考えられています。

遺言書は遺留分に配慮して書く

先生　もし小春さんが私からお金を借りているとします。小春さんは私が請求しなければ、率先してお金を返そうとしないんじゃないですか?

小春　そうですねえ…。でも、私は逃げも隠れもしませんよ！
　　　払わなくて済むのであれば払いませんけど。

吉田　先生は何でそんな質問をしたのですか？

先生　遺留分侵害請求の問題は、お金の貸し借りの場面と
　　　似ています。遺留分の権利が主張されなければ、相
　　　続財産を多くもらった人はもらいっ放しでよいわけです
　　　から。

　遺言書は、のちのちの相続争いを避けるため、各相続
人の遺留分に配慮した内容で書くのが無難です。しかし、
相続財産を多くもらっても、相手からの請求がなければもら
い過ぎのままでかまわないのです。遺留分の請求があって
はじめて、その人に遺留分相当額の金銭を支払うことで解
決が図られます。

　請求可能な期間は法律で定められていて、①遺留分権
利者が相続開始および遺留分侵害のあったことを知ったと
きより1年、②相続開始から10年、となっており、①②の
いずれかを経過すると遺留分侵害額請求権は時効となって
消滅します。

　あとで遺留分を請求されるかどうかわからないのだから、
前もって配慮しておく必要はないという考えもあります。た
とえば、音信不通で縁切りをした人の遺留分に配慮する必

要はないかもしれません。

しかし、一般論としては遺留分に配慮したほうがよいでしょう。たとえば、遺留分請求をされた相続人に手持ちの現預金がなければ、侵害に相当する額の金銭を支払えず、遺産を処分するハメになるかもしれません。

また、訴訟を起こされて被告となれば大変な負担になります。遺産を多めに与えた相続人が困るようなことは避けておきたいところです。

あんみつ先生のチェックポイント

● 相続財産の中に借金があったとき、資産と負債の合計がプラスなら相続し、マイナスなら相続しない方法がある（限定承認）。

● 相続放棄や限定承認には家庭裁判所への手続きが必要で、タイムリミットもある。

● 遺留分の請求が実際にあったとき、該当する相続人はその人に対して侵害に相当する額の金銭を支払って解決しなければならない。

● 遺言者は、遺留分を侵害する財産分与をすることが可能だが、のちのち相続人がトラブルに巻き込まれる可能性もある。

3-❸

遺産分割協議とは
どんな会議？

遺言書がないと遺産分割協議になる

吉田 父親が急死し、子供たちが集まる家族会議で財産の
争奪戦になる、そんな光景をミステリードラマで見たこ
とがあります。

先生 それは遺産分割協議です。協議は相続人全員の合意
が必要で、反対者が1人でもいれば不成立です。

吉田 それじゃ、なかなか、まとまらないですね。

小春 もしかして、金田一耕助みたいな連続殺人が起きちゃ
うかもね。

吉田 金田一耕助はチョット古いんじゃない。小春ちゃん、
年がバレちゃうよ。

先生 でも、遺言を書いておけば、遺産分割協議は避けら
れます。

　遺産分割協議は、相続人たちの相続争いの主戦場です。遺
産の分け方を遺言で決めていないため、遺産分割協議を開い
て決める必要があるのです。このとき、共同相続人の相続分は、

各自、法定相続分となります（法定相続分については85ページ参照）。しかし、全員の合意があれば、その割合で分けることもできます。たとえば、法定相続分があるのに自分は何ももらわないということでもかまいません（「0円相続」）。つまり、まとまらなければ法定相続分を参考にして話し合うということです。

　遺産分割とは、複数の法定相続人の間で遺産を分割するために行われる手続きです。まずは、「誰に」「何を」「どれくらい分けるか」などを決めるため話し合いますが、この話合いを「遺産分割協議」といいます。

　協議は出席者全員の合意で成立し、1人でも反対があれば不成立となります。ただ、協議といっても、必ずしも対面の会議をする必要はありません。不動産や金融資産などの重要な財産の分け方を話合いで決めるので対面のほうがよいとはいえますが、都合が悪ければ代理人を送るとか、書面やメールのやり取りでも問題ありません。

　もっとも、最終的には、①参加者全員が合意し、②合意内容を協議書にまとめ、③協議書には参加者全員の署名と実印を押すという手順が必要となります。

　もし協議で合意できなければ、家庭裁判所に持ち込んで遺産分割の調停になります。調停委員の同席のもと合意に向けて話し合いますが、ここでも反対者が1人でもいると不成立となり

ます。

　調停でも解決しなければ、次は遺産分割の審判となり、家庭裁判所の裁判官が強制的に解決することになります。

　遺産分割の前提となる事実について当事者間で争いがある場合は、その点について、審判ではなく訴訟にて決着をつける必要があります。

　たとえば、遺言書が無効であるとか、あの相続人は実は相続権がないとか、あの不動産は遺産には含まれないとか、そのような事実について当事者間で争いがある場合です。通常は、調停の段階で決着をつけますが、決着後に改めて調停を申し立て、遺産分割の話し合いをします。

遺産分割協議で不公平を修正する

先生　遺産分割で、法定相続分に従って遺産を分けようとするとき、1人ひとりの相続分が法定相続分だと不公平と判断されるような場合があります。

吉田　法定相続分なのに不公平？

先生　たとえば、生前、故人から多額のお小遣いをもらっている人がいたら？

小春　すでにもらいすぎているから、その相続人は、法定相続分から減らされるべきよ。

先生 そうですね。その場合は特別受益という仕組みで公平な
相続を実現できます。また、ほかにも寄与分、特別の寄
与制度で公平を実現できます。

小春 3つあるのね。

　「特別受益」とは、一部の相続人だけが、遺贈や生前の
被相続人からの贈与等を受けていた場合の利益のことです。
たとえば、社長をしている父親が、後継者の長男だけに、
お金や高級車、不動産や株式などを生前贈与していた場
合です。この場合の長男を「特別受益者」といいます。

　相続人の誰か1人に特別受益がある場合、法定相続分
のまま遺産を分けると、特別受益者とそうでない人の間に
不公平が生じます。そこで、遺産分割では、特別受益者
のもらいすぎの分を戻して、相続財産の配分の計算をしま
す。これを「持ち戻し」といいますが、実際にもらったお
金や物品などを相続財産に返還させるということではありま
せん。

　次に、「寄与分」についてです。一部の相続人が、生
前の被相続人を献身的に介護していたり、生活費を与えて
いたりしたなどの場合に、その貢献のことを寄与分といい
ます。たとえば、父親が亡くなって3人の娘が相続をしたとし

ます。長女だけが長い間、父親の看病や介護、生活の援助など献身的に世話をしていて、それが無償で行われていたような場合です。

　このとき、長女の貢献度が相続分に反映されます。寄与分のある相続人が遺産を多くもらえるのです。具体的には、その貢献のおかげで、故人の財産が減らなくて済んだ（出費を免れた）、あるいは財産が増加したというような考えのもとに、寄与分として金銭的に評価されます。

　また、寄与分と似て非なるものとして、「特別の寄与」という制度もあります。たとえば、先ほどの寄与分では長女の貢献について考えましたが、ここでは法定相続人ではない長男の妻の貢献についてです。親族である長男の妻が献身的に介護していた場合、長男の妻は相続権はなくても特別の寄与料が請求ができるようになっています。

遺産分割協議で遺言内容は変えられる？

吉田　遺言書にいろいろ書いて、小春ちゃんを困らせてやろうかな。立派なお墓を建てるようにとか。

小春　立派なお墓って、どんなのがご希望？

吉田　どこかにピラミッドを建ててよ。

小春　ピ、ピラミッド？　課長止まりだったのに、ピラミッド！

先生　まあ、現実にはいろいろな問題があって、遺言書に書いてあるとおりにはできないことがありますよね。

小春　そうよ。そんなときどうすればいいのかしら。

　2章で説明したように、遺言書には財産の処分に関する遺言者（被相続人）の強い意思が反映されています。そして、遺言書の内容を実現するため、遺言には法的拘束力があります。つまり、相続人は遺言書に書かれていることに従わなければならないのが原則です。

　しかし、必ず従うのは現実的ではなく、実務上不都合がある場合については、相続人全員の合意により、遺言内容と異なった内容の遺産分割協議もできると考えられています。

　たとえば、遺言内容に従うと高い相続税がかかって困ってしまう場合があります。その場合、遺言内容を変更するために相続人全員の同意で遺産分割協議をし、相続税を少なくするような分け方に改めることがあります。ただし、遺言執行者がいる場合は遺言執行者の同意が、受遺者（「遺贈」（89ページ参照）を受けた人）がいる場合は受遺者の同意が必要になります。

　ところで、当初は遺言書がないと思っていたら、遺産分割協議後に遺言書が発見された場合はどうなるのでしょうか?

この場合は、原則として遺産分割協議は無効となり、発見された遺言書に基づいて、遺言者の意思を反映させた遺産分割をすることになります。

 あんみつ先生のチェックポイント

● 遺産分割協議の方法については、実際に集合せずとも、書面、メールのやりとりで済ませてもよい。

● 遺産分割協議はどのような方法で行ったとしても、合意をしたら遺産分割協議書を作成する必要がある。

● 特別受益や寄与分の制度によって、法定相続の不公平を遺産分割のときに修正できる。

● 寄与分の制度と特別の寄与の制度は別のものであり、請求をする者が異なる。

3-④

不動産を
どう引き継がせる？

相続登記が義務化された！

👴 吉田　全国で空き家モンダイが起きているんだとか。管理されていない空き家は色々と近所迷惑になるね。

👩 小春　そうね。防犯上もよくないし、建物が老朽化していて崩れてきたりしたら危険よね。

👴 吉田　持ち主がわからなくて、自治体も危険な空き家に手を出せないこともあるみたい…。

🧑 先生　そうした問題に対処するために、相続の際の不動産登記が義務化されました。以前は相続登記は任意だったんですけどね。

　故人が所有していた不動産は、死亡により相続人の所有となります。このとき、所有者の名義変更の登記が必要です。この登記は「所有権移転登記」といいますが、所有権移転登記をすることになった原因が相続であることから、「相続登記」と呼ばれています。

　かつては、相続登記は義務ではなかったので、相続があって

も相続登記をしないケースがよく見受けられました。しかし、相続登記がされないまま荒廃した空き家物件が増えており、今日における空き家モンダイの原因の1つとなっています。そこで、相続登記の申請が義務化されました（2024年4月）。

　相続登記を怠ると、正当な理由がないかぎり義務違反となります。具体的には、相続人は、相続が開始して不動産を取得したことを知ったときから3年以内に登記を申請しなければなりません。これに違反すると、違反者は10万円以下の過料を受けることになります。なお、これまで未登記だった不動産も対象で、2024年4月1日より3年以内に登記申請する必要があります。

　相続により不動産を取得した場合、相続人は登記義務が課されますが、遺言書がある場合、遺言書で不動産を相続した

人が相続登記を申請することになります。これに対して、遺言書がない場合は、相続人全員が法定相続をしており、法定相続人の全員が登記義務を課されることになります。

　もっとも、遺言書がなければ、遺産分割協議で誰が不動産を相続するのか決定し、協議が順調にまとまれば、協議書と必要書類を登記申請書に添付し相続登記を申請します。

　しかし遺産分割協議が難航した場合は、協議書を添付せずに、法定相続のままで相続登記をすることが可能です。つまり、いったん法定相続分で相続登記をしてしまうということですが、このほうが法的には「共有物の保存行為」となり申請条件がゆるく、スムーズに手続きできます。この場合、遺産分割協議が難航中でも相続人の誰か1人で申請が可能です。

　ただ、法定相続分で登記する際には、戸籍等の資料収集の負担があるので大変です。そこで、相続登記の義務化に併せて新設された「相続人申告登記」（以下、「申告登記」）を利用するのがよいでしょう。

　申告登記をしておけば、遺産分割を保留にしたまま一時的に義務違反を免れることができます。また、いずれは遺産分割協議をして法定相続とは異なる分割をする、または相続人1人の単独所有とするつもりなら、とりあえず申告登記をしておくほうが合理的です。

　申告登記は法定相続分の相続登記と同様に、1人の相続人

が単独で申請できます。申告登記では、①不動産登記名義人（被相続人）の死亡、②申請者が相続人であること、が証明できれば、その申請が受理されます。具体的には、①②が記載された戸籍謄本を登記申請の際に申請書に添付することになります。

　なお、相続によって取得した土地が不要な場合は、所有権を手放して国に引き渡すことができます（「相続土地国庫帰属法」）。または相続放棄をする手もありますが、この場合は土地以外の全財産の放棄も意味します。いずれにせよ、その土地を手放してしまえば、相続登記の義務違反にはなりません。

相続登記の申請は売買の登記より簡単？

吉田　相続登記は自力でできますか？　素人には難しいのかな？

先生　相続の内容や物件の状況にもよりますが、意外とできると思いますよ。

小春　あら、あなた頑張って！　経費を浮かせて焼肉を食べに行きましょう！

　たとえば中古マンションを購入した場合、通常は購入後すぐにその物件の不動産登記をします。なぜなら、早く売主の登記名義を自己名義に変更したいからです。そうでな

いと売主が、よからぬ考えをもって別の者にこの物件を二重に譲渡することもあり得ますし、別の者に登記名義を横取りされる危険もあります。

　また、売買のような利害の対立する者どうしの登記申請では、権利を失う者と、権利を得る者が協力して登記申請をしなくてはなりません。これを「共同申請」といいますが、共同申請だと、申請ミスがあれば相手に迷惑をかけたり、トラブルになる恐れもあります。

　では、相続登記の場合はどうでしょうか？　相続登記の場合、所有権の名義を失うのは被相続人です。しかし被相続人はもう亡くなっているので、急いで名義を変える必要はないわけです。また、相続登記は相続人が単独で登記申請するもの（「単独申請」）で、登記の義務がある相手（対立当事者）がいません。

　そのため、相続登記を申請するときは相続のことに関して証明をすればよく、売買などで必要とされる権利証あるいは登記識別情報といった共同申請における登記義務者側の重要書類の添付は不要です。

　こうしてみると、自力でも相続登記はできると思えるのではないでしょうか。しかし、相続の関係書類は複雑で収集の手間もかかります。時間の余裕がない人などは専門家に依頼してもよいでしょう。

不動産を共有にした場合の問題点

先生 相続した不動産を法定相続分で登記し、法定相続人の共有物件にしようと考えている人がいるかもしれません。そこで、ここでは不動産を共有とした場合の問題点について考えてみます。

吉田 それって、どうなんですか？ 空き家モンダイのところで先生が言ってたけど、共有はやめたほうがいいんですよね？

先生 まあ、普通は、そうなんですけど。

小春 そもそも共有の意味がよくわからないわ。分譲マンションは共有不動産じゃないの？

先生 そうですね。分譲マンションの場合、自分の部屋については自分だけの所有ですが、共用スペースは共有となります。

　共有の例をクラスメイトの誕生会にケーキを持っていく場合で考えてみましょう。これから友達5人で丸いデコレーションケーキ1つを買っていきます。お金を1人1000円ずつ出し合って、5000円のデコレーションケーキを買いました。このとき、デコレーションケーキは5人が共同で所有しているので「共有」の状態で、ケーキを「共有物」といいます。

　その後、誕生会でケーキにロウソクを立て、ハッピーバー

スデーを歌い、ロウソクの火を消してナイフで切り分けました。これだと何も問題はありません。みんなで仲良く分けて食べました、これでおしまいです。

　ところが、もし誕生会に行く途中で、誰か1人が急用で帰りたいと言い出すと、少し厄介なことになります。帰りたい人が食いしん坊なら、自分の分の5分の1のケーキを切り分けて、持ち帰りたいと言うかもしれないからです。
　しかし、途中でデコレーションケーキを切ってしまったらどうなるでしょうか。欠けたデコレーションケーキでは誕生会に持っていくことはできないので、さすがに切り分けは要求しないかもしれません。でも、1000円は返してほしいと言うかもしれません。

　この例で言いたいことは、共有者はそれぞれ出し合ったお金に応じて自分の持ち分があるということです。この場合、持ち分は5分の1ずつです。帰るとき、この5分の1の持ち分を現物のケーキで分けてもらうこともできますが、他の4人に買い取ってもらうこともできます。今回の場合は、他の4人が250円ずつ出し合って1000円の返金に応じることになります（次ページ図参照）。
　このように共有物を何かの方法で分けることを「共有物分割請求」といいます。先ほどのように、共有者どうしの

買取りで解決する場合を「代償分割」といいます。そして、共有物を売却処分してその代金を分け合うことを「換価分割」といいます。デコレーションケーキそのものを切って分ける場合は「現物分割」です。

●共有物にはそれぞれの持ち分がある

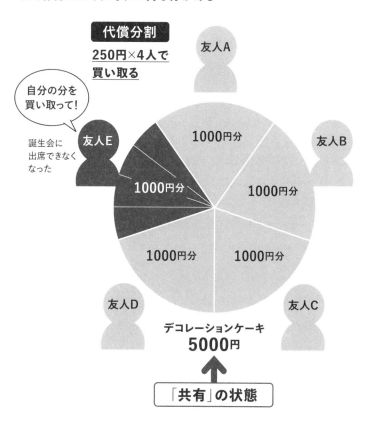

では、不動産が共有の場合を考えてみます。不動産の現物分割は物理的に難しいので、不動産を代償分割しようとすると、買取代金でお互いにモメる可能性大です。そこで、共有不動産なら換価分割をしたいところですが、うまく買主が見つかるかわかりません。また、買主が買いたいといっても、共有不動産の売却のためには、売主である共有者全員が同意する必要があります。ここでもまた、モメる可能性大です。

　このように、共有の不動産はのちに様々な問題を生むことが想定されます。自分たちの代でモメないと思って共有にしても、子供たちの代でモメることも想定しておくべきです。

配偶者居住権は遺言しておく

先生　配偶者居住権は最近の相続法改正の目玉です。端的にいうと、相続人である配偶者がマイホームに引き続き住める権利です。

小春　え？　マイホームを相続すれば自分の家だから、そのまま住めて当然じゃない？

吉田　小春さん、配偶者がマイホームを相続しなかった場合の話だと思うよ。

小春　そういうこと？　子供がマイホームを相続しても、配偶者はそのまま住んでいいってことね。

たとえば夫が先に亡くなって、妻と長男が共同相続した場合を考えます。このとき、妻はマイホームを相続して自分が所有者となれば、そのまま住むことができます。ところが、マイホームを長男が相続したらどうなるでしょうか？

　配偶者居住権とは、被相続人が残した住宅を子供が相続した場合でも、配偶者はそこに住み続けられる権利です。この場合、長男は貸主、つまり大家さんのような立ち位置と考えることができますが、妻は長男に対して家賃を払わなくてよいのです。

　配偶者居住権が発生する条件は、被相続人が遺言書に配偶者居住権を取得させると明記しておいた場合です。

　また、遺言書に書かれていない場合でも、遺産分割協議のときに相続人たちで話し合って、配偶者に配偶者居住権を取得させることが可能です。この場合は、遺産分割協議の参加者全員が配偶者居住権があることを認めて、その権利が発生しても問題ないと判断したということです。

　しかし、妻と子供1人の遺産分割なら円満にいきそうですが、共同相続人が何人もいると、配偶者居住権の話し合いが難航することもあり得ます。そこで、遺言書に配偶者居住権についてひと言書いておくほうが確実です。

　なお、配偶者居住権の期間は原則として終身です。配

偶者は亡くなるまで住み続けられるということですから、非常に強い権利です。

　ただし、遺言や遺産分割協議、あるいは家庭裁判所の審判などで、期間を定めることも可能です。また、配偶者居住権を取得したときは、登記をする必要があります。配偶者居住権の登記を忘れると、第三者に対して配偶者居住権を主張することができなくなります。そのため、所有者が別の人に変わった場合に住めなくなってしまうので注意が必要です。

あんみつ先生のチェックポイント

● 2024年4月1日施行の相続登記の義務化により、これまで相続登記を怠っていた物件も、新たに相続をした物件も登記義務の対象となる。

● 相続登記の義務化と同時施行の相続人申告登記には、簡単な手続きによって登記義務違反を一時的に免れられるメリットがある。

● 配偶者居住権は遺言に明記することで配偶者に確実に権利を与えることができる。

● 配偶者居住権を取得したときは、登記をしなくては権利を守れない。

お墓のことは
どう考える？

お墓を誰に引き継がせる？

吉田 吉田家のお墓を建てたら、将来、誰に引き継がせましょうか？

小春 子供たちは "財産" とは思わないでしょうから、難しいモンダイよね。

先生 実は、お墓や仏壇などは「祭祀財産」といって、不動産や預貯金などの「相続財産」には含まれないんですよ。

小春 なるほど。たしかに墓地や仏壇って、他の財産とちょっと違う感じよね。

　お墓は「祭祀財産」といい、お墓を継いだ人のことを「祭祀財産承継者」といいます。祭祀財産は相続財産には含まれず、相続税の対象でもありません。具体的には墓地、墓石、仏壇、仏具、家系図、遺骨などが祭祀財産に該当します。

　故人の遺骨を誰が引き取るか、お墓を誰が管理するのかなどについて、相続人どうしがモメることはよくあることだと思います。

そういう意味では、祭祀財産を相続財産に含めないことに違和感を持つ人も多いかもしれません。しかし、祭祀財産を相続財産に含めてしまうと不都合があるのです。実際に、お墓や仏具、遺骨などを、不動産や現預金などと一緒に遺産分割の対象とするのは、一般的な常識には合いません。お墓や遺骨などを分割して、何人かで分け合うというのは現実的ではないと考えられます。

　祭祀財産の承継者は、原則として1人です。その1人は相続人のほか、相続人以外でもかまいません。相続放棄をした人でも問題なく、祭祀財産の承継者になれます。また、友人や内縁関係の妻などが承継をすることも問題ありません。

　祭祀財産承継者の指定は口頭でもかまいませんが、遺言やエンディングノート等に書いて指定するほうがいいでしょう。承継者には、寺院なら檀家料等の支払いや、法事等を主宰する負担もあります。お墓の管理責任を負担する立場であることを考えると、遠方に住む人や体力的に厳しい人、そもそもやる気のない人などを一方的に指定しても現実的ではないと考えられます。この件については、事前に家族でよく話し合うことが重要です。

　なお、祭祀財産の承継者は、自分で決めなければその地方の慣習によって決まります。それでも決まらない場合は、家庭裁

判所に決めてもらうことができます。

お墓の引き継ぎの手続き

先生　先ほど説明したように、お墓って、相続財産じゃない
んです。

吉田　それはわかりましたが、私にはどうもピンときません。
わが家のお墓の場合、兄弟で跡継ぎを決めましたから。

小春　そうよね。それに、お墓を継いだらお墓の名義変更を
するはずよ。だから、私たちの常識では、お墓を引き
継ぐのも相続手続きの1つだって思うわ。

　お墓を引き継いだ祭祀財産承継者は、まず、お墓の名
義変更の手続きをします。ここで、祭祀財産承継者が相続
人であれば、寺院等の管理者に対して相続関係を証明す
る必要があります。その際、ほかの相続手続きで用いた相
続関係書類一式の提出を寺院等の管理者が求めてくること
があります。そのため、祭祀財産承継者は、書類への署
名や押印、印鑑証明書の提出など、ほかの相続人たちに
協力してもらう必要があります。

　名義変更にあたっては、墓地の使用規約が問題となりま
す。この規約は、墓地の管理者との約束事だと思えばよい

でしょう。使用規約によっては内容が保守的で、承継者が条件を満たさず、お墓を引き継げないケースも想定されます。実の子供や配偶者であれば問題はないですが、たとえば内縁の妻などは、使用規約上、承継ができないことがあり得ます。承継者がいない場合は、お墓が荒れないよう、誰かに管理を頼むとか、あるいは墓を撤去処分（墓じまい）することを考える余地もあるでしょう。

　ちなみに、お墓の名義変更をしても、その墓地を所有したかどうかはわかりません。地域や施設によって様々ですが、一般的には墓地（使用地）は寺院等の管理者から借りて

いるものであり、名義人が所有者となっているわけではありません。永久に借りて使う権利（「永代使用権」）を持っているということなので、法的にはお墓の持主は期限のない土地使用権（地上権等）を持っていると考えられます。

　他方で、お墓（遺骨を納めたり墓石を建てた設備）それ自体については、祭祀財産承継者の所有物となります。そのため祭祀財産承継者は、寺院や霊園管理者に対して、年間使用料や管理料等の支払義務を負っているのが一般的で、寺院によっては檀家料ということもあります。

　もし祭祀財産承継者がこの支払いを滞納し、管理者との間の信頼関係が破綻してしまったような場合は、最終的には管理者により墓の強制撤去が行われる可能性があります。そのため、年間使用料や管理料等の支払いが難しくなった場合には、墓じまいを早期に検討することも考えられます。

　墓じまいをする場合は、遺骨をどうするかを決める必要があります。たとえば、同墓地内の合祀墓などに安置したり、別の場所にお墓を移すこと（「改葬」）が考えられます。

　改葬の際には、改葬すれば檀家をやめることを意味するため、寺院から離檀料という名目で金銭の支払いを求められることがあるかもしれません。しかし、この支払いについては、法的には応じなくていい、と考えられています。なぜ

なら、宗旨替えをしたり、特定の宗教を脱退するのは、個々人の信教の自由の問題であり、それが金銭の支払いによって制約されるのは妥当ではないからです。

 ## あんみつ先生のチェックポイント

● 墓、仏壇、家系図、遺骨などは祭祀財産といい、法的には相続財産とは区別される。
● 祭祀財産承継者を誰にするかについては、遺言書やエンディングノートに書いておくとよいが、指名されたほうも都合があるから、一方的に指名するのではなく、家族会議などで話し合うほうがよい。
● お墓を引き継げば、その名義変更をする必要があり、その際には他の相続手続きと同様に、相続関係の証明書等の書類一式が必要となることがある。
● 祭祀財産の承継者は、寺院や霊園の管理者に対して、年間使用料や管理料等の支払義務を負っており、支払いを怠れば最終的には管理者により墓の強制撤去が行われる可能性もある。

4章

認知症の
リスクに備える

" 事後 "に対策する
法定後見とは？

成年後見制度には法定と任意の２つがある

吉田　最近、物忘れがひどくなってきたなあ。私はもはや認知症予備軍です。小春さん、どうか、よろしくお願いします。

小春　簡単によろしくと言われても困るわね。

先生　認知症の準備は早めにしておくといいですよ。

小春　そう、自分のことは自分で！

吉田　自分でと言われても…。いったいどんな準備や対策があるのでしょう？

　認知症対策の1つとして最初にあげられるのは、国が設けた「成年後見制度」です。成年後見制度とは、ある人に認知症のほか、知的障害や精神障害などがあり、1人で契約や取引等ができない場合に、「成年後見人」という法定代理人を付けて保護する制度です。

　契約や取引というと少し大げさな感じで、身近な問題とは思えないかもしれません。しかし、たとえば銀行で生活

費をおろす、アパートの毎月の家賃を支払う、携帯電話を使う、電気・ガス・水道などを利用する、病院で診察を受けるといったことはすべて、法的には契約や取引にあたります。私たちの日常生活は、契約や取引でできているといっても過言ではないのです。

　もしも認知症になって、1人で日常生活を送ることができなくなった場合は、自分自身で、あるいは周囲の家族などが、成年後見制度の利用を検討する必要があります。ただし、成年後見制度の利用件数は、認知症の高齢者全体の数％程度にとどまっているのが現状です。

　成年後見制度には、事後対策としての「法定後見」と、事前対策としての「任意後見」の2つがあります。法定後見は、法律により決まっている後見の形です。認知症の発症後に、本人の保護を開始します。たとえるなら、発病してから病院に連れて行くようなものでしょう。つまり、認知症の発症後に、本人の置かれている状況や必要性に応じて成年後見人を立てるわけです。そのため、法定後見は事後対策と呼ばれています。

　これに対して、任意後見は事前対策といえます。まだ自分が元気なうちに後見人を指名し、契約によって後見の内容を自由に決めることができます。

　認知症対策を万全にするなら、事後の法定後見ではなく、

任意後見でしっかり事前対策をしておきたいところです。ただ、任意後見の利用件数は法定後見と比較してまだまだ少数にとどまっているのが現状です。

　この項目では法定後見を説明し、次の項目で任意後見について見ていきます。

法定後見とは？

👤 先生　成年後見制度を利用するときに最も重要なのは後見人が本人の代わりに日常の金銭管理をするということです。日常の金銭管理ができないと、さすがに1人で生活するのは厳しいですよね。

👵 吉田　そうですね。

👧 小春　でも、周囲を見ると、意外とみんな、金銭管理はしっかりできてるわよ。

　法定後見は、認知症の発症後に本人の保護を開始すると説明しました。実際に認知症を発症した人が法定後見を利用する場面を見てみましょう。

　典型的な例は、銀行の定期預金を解約しようとするケースです。銀行預金をおろせるのは、原則として口座名義人のみですが、認知症になり理解力も判断力もなくなると、口座名義人は窓口で定期預金の解約ができなくなります。な

ぜなら、物事を理解し判断する能力を持たない者は、法律的には意思決定ができないからです。では、普段その人のお世話をしている家族（たとえば配偶者）が解約できるかというと、以下で説明する「代理人」ではない以上、解約できないのです。

定期預金が解約できなければ、介護施設の入所費用や入院費用など、まとまった資金に困ることがあります。そこで、銀行取引をするための代理人が必要なのですが、認知症の本人が委任状などを書いて第三者を代理人とすることは今さらできません。そこで、「成年後見制度」を利用することになります。

定期預金を解約できるようにするには、家族（たとえば配偶者）が家庭裁判所に成年後見人を立てる申立てをします。すると、家庭裁判所が「成年後見人」を選ぶので、選ばれた成年後見人が、その身分を証明し、定期預金を窓口で解約することができます。

法定後見には「後見」「保佐」「補助」がある

先生　成年後見人は、本人が単独でした契約をつねに取り消せます。

吉田　でもそれじゃ、コンビニの買い物とかも、あとで取り消

せちゃうのかな？

先生　いや、それはさすがにダメなんですよ。法律上、日用品の購入等については、自分1人でできることになっています。だから、コンビニの買い物は、あとで取り消すことができません。

小春　そうよね。コンビニで買ったビールとか缶酎ハイとか、いちいち返せないわよね。返したくもないし！

吉田　お酒ばっかり…。

　法定後見にはサポートのパターンが3種類あります。最もメジャーな「後見」のほか、「保佐」「補助」もあります。

　後見の場合、後見人は本人が1人でした契約をつねに取り消すことが可能です。後見は、最も重度の認知症の人が保護の対象といえます。保護される本人（成年被後見人）は、1人で契約や取引ができないレベルの人が想定されています。

　これに対し、保佐と補助の場合は後見人とは呼ばず、それぞれ、保佐人、補助人と呼びます。そして、保佐人、補助人の事前の同意や許可がない場合に、本人がした契約を取り消せることになっています。したがって、保佐と補助は、後見の場合と比較して軽度の症状の人が保護の対象といえます。たとえば、「簡単な物事の理解や判断はできるものの、難しいことはわからない」というような人につ

いては、後見による強力な保護までは不要で、保佐、補助にとどめるのが適切であるということです。

　保佐と補助の違いについて説明すると、まず保佐は保佐人のサポートする内容が法律で定められています。たとえば、借金をする、保証人になる、不動産の売買をする、何かを贈与する、相続をする、あるいは相続放棄するといったときに、これらを本人が1人でするときには保佐人に事前に問い合わせるようにします。

　補助は、保佐よりもさらに軽度の人を対象とするものであり、補助する内容について個別に決めることができるのがポイントです。補助の内容は、家庭裁判所で保佐の内容よりも狭い範囲で、個別に決めることになります。そのため、本人の保護は保佐よりも弱いですが、その分、本人は自由で、自分の意思が尊重されやすい環境で生活ができます。

　なお、後見、補佐、補助の3つのうち、どれが本人の保護に適切かについては家庭裁判所が決定します。

法定後見の利用方法は？

先生　たとえば、認知症になった本人のことを心配した家族が、市役所に相談に行ったとします。その後、成年後見制度を利用することになりました。この場合、まず、

家庭裁判所に成年後見開始の審判の申立てをします。

小春　あら、審判って裁判のこと？　誰かと法廷で争うのかしら？

先生　いえ、そうではなく、家庭裁判所に成年後見の利用が必要かどうかを判断してもらうための手続きです。必要があれば家庭裁判所が成年後見人を立てる決定をしてくれます。

吉田　誰が申立てをするんですか？

先生　申立てをするのは、たいていは家族で、ほとんどは配偶者か子供です。

吉田　なるほど。では小春さん、そのときが来たらよろしくお願いします。

小春　うーん、申立ての費用を知りたいところね。

　成年後見開始の審判の申立てができる人は法律で決まっていて、本人、配偶者、子供などの四親等内の親族、未成年後見人、保佐人、補助人、あるいは検察官等です。しかし実際には、配偶者や子供が申立てをすることが多いのです。

　次に、申立費用について見てみましょう。そもそも認知症の本人を保護するために周囲の人が申立てをするのですから、本人の預貯金から費用を捻出できそうなものです。ところが、費用は申立人の負担となるので要注意です。また、その手続きを専門家に依頼した場合、専門家に支払う報酬

も申立人の負担になります。そのため、申立てをしようと思っても、初期費用の負担を考えて迷うことがあるかもしれません。

　もっとも、印紙代、切手代、鑑定の費用については本人負担とすることも可能です。ただ、鑑定の手続きは省略が可能で、しばしば省略されています。その場合、医師の診断書等の提出をもって簡略化されます。

法定後見の成年後見人には誰がなる？

先生　成年後見人は、家族ではなく弁護士や司法書士が選ばれることが多いのですが、これを職業後見人といいます。

吉田　なるほど。成年後見人になるためには、法律の国家資格がいるんですね。

先生　いや、成年後見人は親族もなれるのだから、資格は必ずしもいりません。でも現在の家庭裁判所の運用では、そのような傾向になっています。

　法定後見において、成年後見人の選任に関する決定権は、家庭裁判所にあります。たとえば、申立てをする人たちでAさんに決め、Aさんがそれを了承したとします。しかしAさんがふさわしくないと家庭裁判所が判断すれば、別の人が選任されます。

成年後見人となるのに特別な資格は不要で、親族が成年後見人に選ばれることもあります。しかし、現在の主流では職業後見人が選ばれることが非常に多く、ほとんどの場合、弁護士か司法書士です。社会福祉士や行政書士等がなることもありますが少数です。なお、親族が成年後見人になるのは全体の2～3割ですが、最近では親族後見人の役割が見直されつつあります。

　成年後見人が選任されるまでの期間は、おおむね1～2か月程度です。急ぎで選んでほしい場合でも、申立ての準備から申立て、審判、成年後見人の選任まで待たなければならないので注意が必要です。成年後見人の選任後、2週間を過ぎると審判結果が確定します。確定後は、裁判所の嘱託により成年後見の登記が行われます。登記が終わると、法務局で後見登記事項証明書を取得することができるようになります。後見人はこれを身分証明として使い、様々な後見活動を行っていきます。

　なお、成年後見人の報酬や必要経費などは認知症の本人の財産から捻出されます。報酬の金額は家庭裁判所が決定しますが、月ベースで数万円程度が相場といわれます。本人の資産が多ければ報酬も高めに、本人の資産が少なければ報酬は低めに設定される傾向があります。

成年後見監督人は成年後見人のお目付け役

先生　認知症の本人が資産家の場合、成年後見人にお目付け役がいると安心ですよね。

吉田　そうですね。お金の管理をしてもらうのだから、念のためにいるといいですね。

小春　そのお目付け役、何というのですか。

先生　成年後見監督人です。

吉田　監督人はやっぱり、プロ野球の監督みたいに自分は動かないの?

先生　そうですね。実際に現場でいろいろ動くのは成年後見人のほうです。監督人は、その仕事ぶりをチェックするんです。

　家庭裁判所は、成年後見人の仕事ぶりを常時監視するわけにはいきません。そこで、当事者の申立て、または家庭裁判所の判断で、成年後見人のほかに「成年後見監督人」が付けられる場合があります。どういう場合に付けられるかというと、たとえば認知症の本人が資産家の場合や、モメ事が絶えない家庭の場合などです。成年後見人による財産の使い込みなどの職務違反や、権限乱用を監視します。

　成年後見監督人は成年後見人の監督がおもな仕事なので、成年後見人の代わりに仕事をする役割は負いません。

しかし、監督人を付ければ報酬の負担が二重となります。そこで当事者側としては監督人を付けたくないと思うかもしれませんが、当事者が希望しなくても、家庭裁判所の職権で選任されることがあります。

なお、認知症の本人の財産が多い場合に、家庭裁判所から成年後見制度支援信託をすすめられることがあります。成年後見制度支援信託は、認知症の本人の余剰資金（金銭のみ）を信託銀行に信託し、成年後見人による財産の使い込みを防止する制度です。制度の利用は強制ではありませんが、利用しない場合は後見監督人を付けられることがあります。

成年後見人の辞任は原則認められない

先生　成年後見人は法定代理人で、とても広い権限を持っています。また、就任後はずっと本人のために様々な業務にあたります。

小春　長い付き合いになるのね。

先生　成年後見人は原則として辞任ができません。だから、後見人になる先生は、よく考えて就任するはずです。

小春　あら、そうなの。優しい先生だといいんだけど。中には変わった先生もいるでしょうから、そこはチョット心配かも。

成年後見人は自己都合では辞められません。正当理由がある場合に限り、家庭裁判所の許可を得て、ようやく辞任が認められます。よって、弁護士や司法書士等が成年後見人になると、長期間、一定の報酬が支払われることになりますが、その負担は、本人とその家族にとって、決して軽いものではないでしょう。

　しかし、このような辞任の制限は、弁護士や司法書士等の身分保障のために作られたのではなく、認知症の本人の保護のためです。

　たとえば銀行預金の解約の例でいうなら、もし解約の手続きを済ませただけで後見人がお役御免になったら、次に別の手続きや取引をしたいとき、また誰かを選任しなくてはならず不都合が生じます。同じ後見人がずっと付いているほうが、認知症の本人のためにも基本的には都合がいいはずなのです。

　ただ、本人の周囲には、同居の家族や出入りする親族等もいます。その人たちから見ると、この成年後見人はちょっと相性がよくないと思うことがあるかもしれません。また、成年後見人は財産管理について権限を持っており、家族に対して意見を述べたりするかもしれません。実際に成年後見人の独断で契約や取引を進めることが可能なので、家族は納得がいかないかもしれません。事実、成年後見人の権限

が強いことから、成年後見人と家族の対立や衝突が問題となることもあります。しかし、家族が成年後見人を辞めさせたいと思っても、解任の申立ては職務違反などがない限り認められません。また、後見人は自ら辞任できないので、難しい問題だと言わざるを得ません。

　しかし、最近では辞任の要件の「正当理由」を柔軟に認めるように変わりつつあります。成年後見人の交代が本人の利益になるなら、交代が認められるようになりつつあります。

あんみつ先生のチェックポイント

● 認知症対策には国が定めた成年後見人制度があり、法定後見と任意後見の２つに分かれる。

● 認知症になると、本人は銀行の定期預金などを解約できなくなる。代理人ではない配偶者や子供も解約できないので、成年後見人を付ける必要がある。

● 成年後見人は認知症の人のための法定代理人であり、広範な権限を持っている。

● 成年後見人は、一度選ばれて就任したら、家庭裁判所の許可がなければ原則として辞任できない。

4-❷

"事前"に対策する
任意後見とは？

任意後見とは？

吉田　法定後見の場合、家庭裁判所が成年後見人を選ぶんですよね？

先生　そうですね。

吉田　利用者にとってちょっと不便というか、不自由ですよね。

先生　まあ、そうですね。成年後見人は法律で仕事内容が決まっていますし、辞任もほぼできません。お互いに不自由なんですよね。

小春　でも先生、任意後見なら自分で自由に決められるのよね？

先生　そうそう、「任意」ですからね。自分自身で元気なうちに成年後見人を選んだり、契約内容も決めることができます。

　任意後見は認知症などのための事前対策で、まだ自分が元気なうちに成年後見人を指名し、契約により後見内容を自由に決めるものです。将来、成年後見人になる人を自分で指名できるという点が、法定後見とは大きく違います。

前述したように、家庭裁判所の現在の運用だと、成年後見人は弁護士、司法書士といった職業後見人が選ばれる傾向が強いのです。その点、任意後見を利用すれば、家族や親しい人に成年後見人になってもらうことができます。

　また、任意後見は当事者間の契約なので、任意後見人の報酬についても自分たちで自由に決められます。たとえば、自分の配偶者や子供などに、低額の報酬で任意後見人をしてもらうといったことも可能になります。

　さらに、いったん任意後見の契約後、任意後見が開始するまでは、当事者が契約を解除することができます。ただし任意後見が始まったあとは、任意後見人は認知症の本人を保護する職務を果たす義務があるので、契約は解除できなくなり、辞任することも制限されます。

　次に、任意後見の手続きの流れを見ていきましょう。まず、認知症になる前に任意後見契約を結びますが、契約書は公正証書で作成する必要があります。したがって、公証人役場で公証人に支払う手数料が発生します。

　その後、本人が認知症となり保護する必要性が出てきたときに、任意後見人となる予定の人が家庭裁判所で任意後見監督人の選任を申し立てます。家庭裁判所によって任意後見監督人が選任されたら、任意後見が開始します。

この際、審判のための申立て費用がかかります。

　任意後見では、「任意後見監督人」が付くことにより後見が開始します。これも法定後見との大きな違いです。任意後見監督人を選ぶのは申立てを受けた家庭裁判所で、報酬額についても家庭裁判所が決めます。このように、任意後見人とは別に、任意後見監督人の報酬もかかるという点は注意が必要です。

任意後見には2つのパターンがある

先生　任意後見がどう活用されているか見ていきましょう。

吉田　認知症になったら家庭裁判所に申立てをして、任意後見が開始するだけなんじゃないですか?

先生　人間はいきなり認知症になるのではなく、だんだん心身が弱っていくものです。なので、それに合わせて任意後見以外の法的支援を使うと本人のためになるのです。

吉田　なるほど。合わせ技のようなものですね。

　任意後見には大きく分けて2つのパターンがあります。1つは、任意後見契約だけをしておき、本人が認知症になったら手続きを行い任意後見が開始するというシンプルなパターンです。これを「即時開始型」といいます。

　もう1つは実務上、主流のパターンの「移行型」です。

このパターンは複合型で、任意後見契約のほかに「生前事務委任契約」などを併せて結んでおきます。認知症になる前の弱っている状態でも、生前事務委任契約が発動し、本人が保護される仕組みで、本人の保護を手厚くできます。

　生前事務委任契約とは、自分の生前の事務処理を誰かにしてもらうにあたって締結する委任契約のことです。たとえば自分の代わりに銀行預金をおろしてきてもらう、自宅の賃貸借契約を更新してもらう、税金を納めてきてもらうなど、頼みたい事務処理の内容を契約書に列挙します。この契約を結ぶことによって、自分の事務処理を誰かが代わりにできるようになります。

　なお通常、生前事務委任契約は任意後見人になる予定の人と結びます。そのほうが合理的と考えられるからです。たとえば、骨折して身動きがとれない場合、生前事務委任契約を結んでいれば効果を発揮するわけですが、このときに任意後見人となる予定の人がサポートしてくれると、本人も心強いはずです。そして、のちに本人が認知症となったとき、任意後見契約が発動することになります。このように、移行型の任意後見は、身体的な問題にも精神的な問題にも対応することができます。

独身なら死後事務委任もしておく

🧑 **先生** 先ほどは生前事務委任契約について説明しましたが、今度は死後事務委任契約です。

👩 **小春** 自分が死んだあとの事務処理を頼むのね!

🧑 **先生** そうです。自分が死んだあとは、たとえば役所の諸手続きを誰かがする必要がありますし、あとから請求書が来たりして、必要な支払いもあるでしょう。

👩 **小春** なるほど。死後事務委任って1人暮らしだと、かなり必要かも…。

　認知症が発症したときの任意後見契約、認知症が発症する前の生前事務委託契約と説明してきましたが、自分が死亡したあとの事務処理について委託するのが「死後事務委任契約」です（次ページ図参照）。

　死後事務委任は、自分の死後の事務処理を誰かにしてもらうにあたって締結する委任契約のことです。たとえば、死亡届の提出等の役所の諸手続き、介護費用や病院代の支払い、そのほか契約の解除や解約、精算などを代わりにしてもらうことが考えられます。

　死後事務委任は身寄りのない単身高齢者にとって、重要な意味があります。配偶者や子供がいて相続が予定されて

いるなら、面倒な事務手続きは財産をもらえる相続人が率先してやってくれるでしょう。だから、このようなことはあまり考えなくていいのかもしれません。しかし、身寄りのない単身高齢者は、死後の事務手続きに関し、何らかの準備をしておくべきです。

●死後事務委任までの全体の流れ

| 生前事務委任契約（財産管理等委任契約） | ・認知症になっていない状態を前提とし、ケガや病気で動けなくなった場合等のために準備する |

※なお、本人の状態を把握するため、見守り役が定期的に連絡を取る程度のもの、電話連絡や面談をする等の簡単な内容のサービスもある（見守り契約）

| 任意後見契約 | ・認知症になり、判断能力がなくなった場合において、任意後見人になる予定の者が任意後見監督人を家庭裁判所に選任してもらったうえで後見開始となる |

| 死後事務委任契約 | ・死後に必要とされる手続き等を受任者が行う |

たとえ兄弟などがいても、非協力的だったり、住む場所が遠かったり仕事が忙しかったりで対応できないことも考えられます。したがって、身寄りのある1人暮らしの高齢者も、死後の事務手続きの準備はしておいたほうがよいでしょう。

　昨今では1人暮らしの高齢者が増えていることから、1人暮らしの認知症患者も増えています。また、家族との関係性も希薄化しており、社会的に孤立した高齢者が増えています。そのため、認知症を発症してから周囲の人たちが申立てをするという法定後見のやり方では、手遅れになることがあり得ます。いざというときに、周囲の誰かが本人の異変に気づいても、家庭裁判所に自腹で申立てをしないといけないため、成年後見の審判すら始まらないこともあり得るのです。

　そこで、頼れる人がいないなら、元気なうちに契約で頼れる人を指名しておくという手が考えられます。認知症になったら、結局は誰かが代わりに頭を使って判断しなければなりません。そこに成年後見人の出番があるわけですが、認知症を発症する前でも身体が不自由になったときなどは誰かの助けが必要です。そこで、任意後見契約のほかに生前事務委任と死後事務委任もセットにして、公正証書で契約しておけば、非常に役立ちます。

　なお、認知症の人が亡くなると、成年後見人の職務は終

了します。しかし、本人に身寄りがなかった場合は、死後の事務手続きをしてくれる人が誰もいません。そうした事態に対処するため、成年後見人には一定の範囲で、本人の死後の事務手続きを行うことが認められる場合があります。

 ## あんみつ先生のチェックポイント

- ●任意後見では、本人が認知症になったら家庭裁判所に申立てをして任意後見監督人を選任してもらう必要がある。
- ●任意後見監督人に支払う報酬は、家庭裁判所が決めるが、任意後見人の報酬については契約で当事者が自由に決められる。
- ●任意後見契約書は公正証書で作成する必要がある。
- ●任意後見の主流のパターンである移行型では、任意後見契約のほかに生前事務委任契約などを結んでおくことで、心身の様々なリスクに備えることができるので、即時開始型よりも保護が手厚い。

成年後見人は
どんな支援をしてくれる？

支援は財産管理と身上監護の2つ

🧓 **吉田** 　成年後見人ってどんな仕事をするんですか？

👨‍🏫 **先生** 　成年後見人のおもな仕事は「財産管理」と「身上監護」の2つです。

👩 **小春** 　財産管理って、お金の管理をすることかしら？

👨‍🏫 **先生** 　最も重要なのはそこです。認知症になると金銭管理もままなりませんから、大金を持たせるのはちょっと危ないですよね。だから成年後見人が管理して、認知症の本人には日常生活に必要なお金を持たせるようにするのです。

👩 **小春** 　なるほど。最近は物騒な世の中ですからね。

🧓 **吉田** 　それでは、身上監護とは何ですか？

👨‍🏫 **先生** 　たとえば、認知症がかなりひどくなってきたから、介護施設と契約をして入所させるといったことです。ただし、成年後見人は身上監護そのものを担当するわけではありません。

成年後見人の仕事は、おもに「財産管理」と「身上監護」の2つで、認知症の人の生活の中で財産の管理や、療養看護に関わる事務を代理で行います。その際、「成年被後見人」（認知症と診断された本人）の意思を尊重し、本人の心身の状態、生活の状況に配慮しなくてはなりません。

　成年後見人は認知症の人にとって代理人にあたります。代理人というと、本人の代わりに市役所で住民票を取ってくる、本人の代わりに不動産会社と交渉して有利な条件で不動産取引をするなど、特定の事務に限定された代理人（任意代理人）のほうが一般的です。しかし、成年後見人はそうした狭い権限の代理人ではなく、広い範囲の権限を与えられた「法定代理人」です。

　そもそも成年後見人は、認知症の本人の意思を尊重しながらも、日々の生活費のやりくりや、介護施設の入所契約とその費用の支払い、あるいはマイホーム等の不動産の売却処分といった財産管理全般を担当するのですから、代理権の範囲も財産管理全般に及ばなくては職務の妨げになってしまいます。そのため、成年後見人には、認知症の本人の利益を考えながら、独断で決める強い権限が与えられているのです。

認知症になっても自分の意思で結婚できる

小春 知り合いの資産家のおじいちゃん、軽度の認知症だけど、お茶会で仲良くなったおばあちゃんと結婚したいみたいよ!

先生 おお、ステキですね!

吉田 でも、配偶者の相続分はものすごく多いよね。認知症なのに、結婚を決めても大丈夫なのかな…。

小春 そうよね。結婚は成年後見人が判断すべきなのかしら?

先生 いや、認知症でも、自分の意思で結婚ができます。

小春 あら、そうなの!

吉田 その場合、子供たちは財産をたくさんもらえると思っていたら、いっきに減ってしまうわけですよね。

先生 それはしょうがないんです。実際に相続が開始するまでは、法定相続人たちの相続権は権利ではなく、単なる期待にすぎません。ちなみに、自分の意思で結婚だけでなく、離婚もできます。

吉田 ということは、野球でいうと9回裏の大逆転もあるってことか。

小春 あなた! ちょっと不謹慎よ。

　人の人生には、生まれてから死ぬまでに起きる戸籍上の様々な出来事があります。たとえば、結婚や離婚、養子縁

組や離縁などのことですが、これらのことを「身分行為」といいます。

　身分行為については本人の意思が尊重されるのが大原則なので、認知症の人も自分だけの判断で行うことができます。前述した財産管理や身上監護の場合とは異なり、成年後見人が本人の身分行為を代理で決めてしまうことは、行き過ぎた行為と考えられています。

　実は、3章で説明した相続に関することも、身分行為に含まれます。たとえば、財産を処分することになるにもかかわらず、遺言も身分行為なのです。したがって、認知症の本人は、自己判断で遺言することができます。

　とはいえ、本人が重度の認知症の場合、そもそも自分で意思決定をするという身分行為の前提を欠くと思われます。となると、有効な遺言にはなりません。同様に、他の身分行為についても同じことがいえます。つまり、本人は少なくとも、意思決定ができる状況でないと身分行為は認められないということです。

　なお、遺言に関しては、本人が一時的に意思決定ができる情況に回復したとき、医師2人以上の立ち会いのもとで有効に遺言をすることが可能です。

成年後見人が行う身上監護とは?

👨 先生 　ところで、成年後見人の仕事の1つである身上監護と
　　　　　はどのようなものかわかりますか?　案外、勘違いされ
　　　　　ているんですよね。

👩 小春 　身上監護って、介護のことかしら?

👵 吉田 　弁護士や司法書士の先生は介護のプロではないから、
　　　　　しないでしょう。職務外ではないですか?

　成年後見人のすべき仕事の1つである「身上監護」とは、
どんな仕事を指すのでしょうか。

　認知症の人へのサポートを考えると、介護をする、薬を
飲ませる、買い物に付き添うなど様々なことが浮かびますが、
これらはすべて成年後見人の仕事ではありません。成年後
見人は法廷代理人であり、身上監護そのものを担当するの
ではありません。身上監護のために必要な契約や取引等を
行うのが役目です。

　したがって、介護は成年後見人の仕事ではありませんが、
介護契約を行うのは身上監護に関する仕事です。たとえ
ば、現在の介護施設のサービスが不十分で、本人の精神
状態に悪影響を与えている場合、契約を解除し、他の施
設に移す手続きをするなどは成年後見人の身上監護の仕

事です。

　また、本人が病院を受診する、入院する、手術を受ける
などの手続きをするのも身上監護の仕事になります。

　なお、病院では入院や手術の際に本人の同意書にサイ
ンを求められることがあります。しかし、これについては、
成年後見人が本人に代わって同意書にサインをしてはいけ
ないと考えられています。なぜなら、同意書は本人の権利
を守るための書類だからです。それであれば、本人だけが
サインできるのが筋であり、成年後見人が本人に代理して
サインするというのは、身分行為に準じて認めるべきではな
いのです。

成年後見人の不動産取引の権限

先生　そもそも成年後見人は認知症の本人の所持品を無断
　　　で売却してもいいと思いますか?

吉田　ダメです!　他人の物じゃないですか!

先生　結論をいうと、かまいません。

小春　そうなの?　どうして?

先生　成年後見人は本人の財産管理に関して、とても広い
　　　権限を持っているからです。

成年後見人は、認知症の人の財産管理を包括的に代理することができます。たとえば不動産の売却処分についての権限も持っています。しかし、マイホームは本人が安心して居住できる重要な財産です。それを成年後見人の独断で簡単に処分されたら困ります。そこで、本人の住まいを守り、本人を保護する観点から、家庭裁判所の許可がないと居住用の不動産は売却などができないようになっています。

　なお、居住用不動産とは現在居住しているマイホームはもちろん、自己所有の空き家、別荘なども含まれます。ということは、たとえば倉庫などの居住用ではない不動産であれば、成年後見人が自分の判断で売ってかまわないということになります。

　実際問題、居住用ではない不動産だとしても、家庭裁判所が売却を認めるのはハードルが高いといえます。

　たとえば生活費が十分に残っているような場合、すぐに不動産を処分する必要がないのは明らかなので、家庭裁判所は許可しないでしょう。しかし、処分しなければ所有者は認知症の本人のままで、成年後見人が管理を続けることになります。

　このとき、本人の家族が「この家を処分したら高く売れるのに」「賃貸にすれば収益があがるのに」などと思うかもしれません。しかし、本人の家族は代理人ではなく、売却

の意思決定に関与できません。

　また、賃貸をする場合も、売却のときと同様に、家庭裁判所の許可が必要なので、資産の有効活用は思うようにいきません。これは法定後見の「資産凍結状態」の1つで、成年後見制度における悩ましい事態といえます。

成年後見人が遺産分割協議に参加するときの問題点

🧑 先生　成年後見人が認知症の本人とともに相続人である場合、一緒に遺産分割協議に出るのは、マズイと思いませんか？

👴 吉田　本人に代わって遺産分割を仕切れるからですね。

🧑 先生　そうです。お互いの利益がぶつかることから、こういう場合を利益相反といいます。

👧 小春　本人のために公平な判断をしてもらわないといけないのに困ったわね。どうすればいいのかしら？

　認知症の人は遺産分割協議に参加できるのでしょうか？

　たとえばある夫婦がいて、妻が認知症だとします。先に夫が亡くなったとすると、認知症の妻がその財産を相続することになります。このとき、他にも相続人が複数いるので遺産分割協議をすることになりました。

　遺産分割協議では、多額の遺産をどう分けるかを、複

数の相続人で話し合って決めるわけですが、参加者同士で激しい利害の対立もあるでしょう。そのため、上記ケースの認知症の妻は遺産分割協議に参加できません。たとえば、話をよく理解できなかったり、勘違いをしたり、あるいは他の相続人の言うとおり協議書にサインをしてしまう恐れもあります。そこで、この場面は認知症の妻の代理人として成年後見人が遺産分割協議に参加することになります。

　それでは、成年後見人が遺産分割協議に参加したとしましょう。このとき、成年後見人は認知症の妻の相続分（取り分）をもらうため、仕事として遺産分割協議に出席しているという点が重要です。だとすると、成年後見人は協議のなかで妥協などせずに、認知症の本人の取り分をきちんと確保して帰る必要があるといえます。

　ところが、成年後見人自身も相続人で、この遺産分割協議に参加するとなると、話は変わってきます。成年後見人は、自分の取り分を増やしたいと思うでしょうから、認知症の本人の取り分を減らすような協議の成立を目指すかもしれないのです。
　このような場面では、成年後見人が認知症の本人の利益のためにまともに仕事ができないであろうと考えられます。このケースのように、成年後見人と本人の利益が相反する

ときは、成年後見人の代理として「特別代理人」を付けな
くてはなりません。特別代理人は家庭裁判所が選任し、特
別代理人が認知症の本人を代理して、遺産分割協議に参
加する流れとなります。

成年後見人の資産運用は認められない

吉田　認知症の人が株を持っていたら、どうなるんですか？

先生　本人は認知症なのですから、もちろん成年後見人が
　　　証券口座を管理します。

吉田　じゃあ、私の積み立てたNISAも売られちゃう？

先生　そういうこともあり得ますね。

吉田　それなら、認知症になる前に株を売って、自分の人生
　　　を楽しまないと。

　認知症の本人が株式を保有している場合、その証券口
座の管理は成年後見人がすることになります。したがって、
証券口座の株式を成年後見人が売却することは可能です。
本人の金銭管理を行うのも成年後見人ですから、保有株
式から得られた配当金も成年後見人が受け取ります。また、
議決権についても管理者である成年後見人が行使します。

　一方、成年後見人がリスクを取って、認知症本人の口座

で株取引をすることは認められません。成年後見人の行った株取引の損失で本人のお金がなくなってしまっては困るからです。しかし、過去に本人が買った株式をそのまま保有する成年後見人の投資判断については、問題なしと考えられています。

 あんみつ先生のチェックポイント

● 成年後見人の職務は財産管理と身上監護の大きく2つに分けられる。

● 認知症の人に成年後見人が付いていない場合、その人が所有するマイホームは売却や処分をしたくてもできないので、成年後見人を付ける必要がある。

● 認知症の人に成年後見人が付いている場合、その人が所有するマイホームを成年後見人が独断で売却や処分することはできず、家庭裁判所に許可をもらわなければならない。

● 認知症の本人が持っている株の売却処分については、成年後見人が独断で行ってかまわない。

4-④

民事信託を使って
認知症に備える

民事信託の基本的な仕組み

😊 **先生** 民事信託は15年ほど前にできたばかりの新しい制度です。

😣 **吉田** でも信託なら以前からいろいろな会社が参入していますよね。民事信託は、個人で信託銀行のような商売を始める話ですか?

😊 **先生** いえ。信託銀行は営利目的ですが、民事信託は営利目的ではありません。たとえば、家族に財産を信託するような場合が民事信託です。

　民事信託は15年ほど前にできた制度で、契約によって信頼のおける人に財産を信託し、運用管理をするものです。「信託」とは文字どおり相手を信じて託すということです。そこまで信頼がおける相手は、通常は家族くらいしかいません。そこで、民事信託を「家族信託」と呼ぶこともあります。しかし、財産を託される人(受託者)は、家族に限定されるものではありません。

民事信託では自分（委託者）が信頼できる相手（受託者）に不動産等の重要な財産を信託します（下図参照）。この契約により、自分の財産は信頼できる相手の管理下に置かれることになります。受託者は、信託された不動産等の有効活用や、資産運用をすることが可能です。

　もし、自分が突然認知症になっても、民事信託をしておけば安心だといえます。すでに信託をして財産を一度、手放したわけですから、法定後見制度の「資産凍結状態」（156、172ページ参照）を避けることができるのです。また、

●民事信託の仕組み

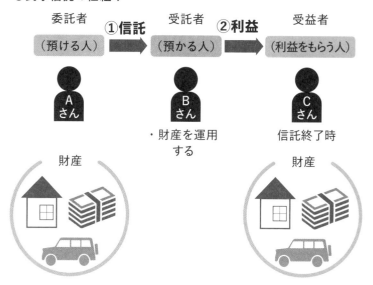

金融詐欺被害などの防止にも役立つと考えられています。

　信託した財産（信託財産）がお金なら利息を生み、賃貸物件なら賃料を生み、株式なら配当を生みます。このような信託財産の生み出す利益を「受益権」（収益受益権）といいます。

　受益権をどうするかは契約で決めますが、受益権を持つ人（受益者）が、いずれは生み出された利益と、（信託終了時には）信託財産を一緒に受け取れる仕組みです。したがって、民事信託を相続対策の観点からみると、受益権を与えた相手は、あたかも自分の信託財産の相続人のような立場だといえます。

民事信託は自分の死後も信託契約が続く

先生　民事信託は、終活講座では成年後見とセットで出てきます。両者はどこがどう違うのでしょうか？

吉田　さっぱりわかりません。

小春　私も…。

先生　成年後見では、まず認知症の本人がいて、その人の保護者となる人が成年後見人でしたよね。

吉田　そうでしたね。民事信託での受託者は、保護者とは違うのですか？

先生　違います。受託者は認知症の本人の保護者ではなく、認知症の本人の信託財産の管理人です。

吉田　ああ、そうか！　つまり、民事信託は認知症の本人の信託した財産を管理をするだけで、認知症の本人の身上監護をするわけではないのですね。

　民事信託の仕組みを以下の事例で説明します。父親Aが、会社の命令で単身赴任することになり、母親Bと娘Cを残して家を離れることになりました。

　父親Aは単身赴任で家を出る前に、母親Bに自分の預金通帳を託しました。この口座のお金を定期的に教育費として娘Cに渡すように母親Bに頼みます。将来のために勉強させてあげたいからです。民事信託契約では父親Aが委託者、母親Bが受託者、娘Cが受益者です。

　それでは、信託契約中、このお金は誰のものなのでしょうか。父親Aはすでにお金を手放しているので、父親Aのものではありません。母親Bは管理を頼まれただけなので、母親Bのものでもありません。結論としては一応、お金は娘Cのものだと考えられます。

　しかし、もう少しよく考えてみましょう。信託契約中、このお金は母親Bが管理しているので、娘Cは全額をもらえま

せん。父親Aの方針に従って母親Bが娘Cにお金を与え
続け、娘Cはその都度使えるに過ぎません。つまり、お金
は娘Cのものだとはいえ、その使い方は制限されています。
したがって、受益者は所有者と比べると、不完全な立場と
いえます。

　その後、信託契約が継続するなかで、父親Aが亡くなっ
たらどうなるでしょうか？　信託契約では父親Aが亡くなって
も母親Bは父親Aの方針に従って引き続き娘Cにお金を与
え続けなくてはなりません。つまり、委託者が亡くなっても、
信託は続行する点がポイントです。このように考えると、民
事信託は自分の財産を自分の死後も、自分の意思でコント
ロールできる制度だといえます。

民事信託は遺言の代わりになる

先生　自分は元気だから遺言なんか書きたくないという高齢
　　　者もいますよね。

小春　本当は、元気なうちに遺言を書いておいたほうがいい
　　　のに…。

先生　でも、そのような場合は無理に遺言を書いてもらわなく
　　　てもいいのです。

小春　というと？

先生　遺言代用信託という手法があります。これが遺言の役
目を果たします。

　「遺言代用信託」というのは文字どおり、遺言の代わり
の役目を果たす民事信託です。これまで説明してきた通常
の民事信託では、委託者が財産を受託者に預け、その利
益が受益者という第三者にいきました（161ページ図表参
照）。しかし、委託者が受益者でもある少し特別な信託の
手法があります。これを「自益信託」といいますが、遺言
代用信託は自益信託にあたります。

　自益信託では、委託者兼受益者と受託者の2人だけが登
場します。時がたって委託者が死亡すると、受益者も同時
に死亡したことになります。このとき、契約により「受益者
変更」が起こります（次ページ図参照）。受益者変更とは、
たとえばAさんからCさんに受益者が変わることです。受
益者変更では通常、委託者兼受益者の指定に基づき、そ
の相続人などが「二次受益者」（次の受益者のこと）とな
ります。委託者が死亡すると、二次受益者が登場します。
すると今度は、登場人物が受託者と（新たな）受益者の2
人となります。

　遺言代用信託は、自益信託からスタートするのが大きな

特徴です。委託者は、自分が生きている間は自分が受益者でもあります。ということは、委託者がすでに財産を信託したあとも、その財産はいまだ委託者のものです。その後、委託者の死亡をきっかけとして受益者が変更されます。すると、受益者が新しく別の者に変わります。ここでようやく、

●自益信託の仕組みを応用した遺言代用信託

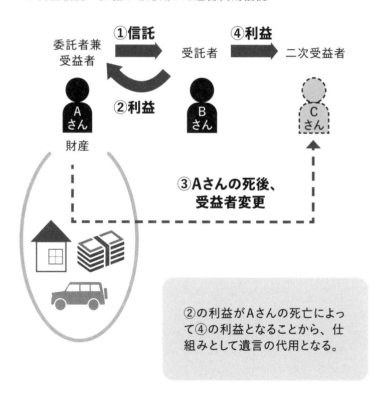

②の利益がAさんの死亡によって④の利益となることから、仕組みとして遺言の代用となる。

委託者以外の第三者が登場するわけです。

　したがって、このような民事信託は、仕組み的には遺言の代わりとして機能していることがわかります。つまり、自益信託で契約が始まり、委託者死亡のタイミングで第三者の受益者が登場するため、遺言的な民事信託になっていると考えられるのです。

遺言代用信託と遺留分侵害の関係

🧑 先生　相続の説明で出てきた遺留分について覚えていますか？

👧 小春　相続人がもらえる最低限の取り分とか、たしか、そんな感じのことでしたよね？

🧑 先生　そうですね。たとえば、遺言書で誰かに全財産をあげようとすると遺留分を侵害するので、やめたほうがいいということでした。

👵 吉田　そうでした。そんな話ありましたね。

　委託者が信託契約を結び、受託者に財産を信託したとします。すると、何が起こるでしょうか。実は、信託をすると、信託財産は委託者自身の財産ではなくなってしまうのです。法的には、Ａさんの財産とＡさんの信託した財産は別のものになります。これを信託の「倒産隔離機能」といいます。

　ここで重要なのは、自分の財産を信託すると自分の財産

が減ることです。それは、自分の財産を信託すると自分の相続財産（遺産）が減ることを意味します。だとすれば、極端な話、全財産を信託すれば自分はすっからかんになり、相続人たちは何ももらえないということになります。そして、遺言代用信託なら、委託者兼受益者の死亡時に、全財産が受益者のものとなります。

　しかし、ここで遺留分（98ページ参照）のルールが問題となります。たとえば、共同相続人のなかに、財産をあげたくない人がいるとします。このとき、相続のルールでは遺留分を主張される可能性がありますが、遺言代用信託を使えば遺留分を主張されないのではないか、とも考えられるのです。

　結論としては、信託契約をする際は、遺留分に一定の配慮をしておいたほうがよいと考えられます。結局、遺留分の権利は、主張すれば問答無用で効果を発揮する強力な権利なのです。信託財産の受益権も遺留分侵害額請求の対象となります。また、信託行為が遺留分侵害であると考えることもでき、訴訟により信託財産の管理運営が妨げられる恐れもあります。そのため、信託行為が遺留分侵害にならないよう、自分の財産について遺言を作成し、遺留分を確保するようにしておくほうがよいでしょう。

不動産を信託するとは？

吉田　不動産信託は、よく聞きますが。

小春　不動産を預けて収益をあげてもらうのね。

先生　民事信託でも、不動産を信託する場合が多いと思われます。ただ、「信託した不動産は誰のものなのか？」「登記はどうすればいいのか？」など、いろいろと考えなければならないことがあります。

　民事信託では、実際には不動産を信託するケースが多いようです。そこで、「不動産民事信託」を例に、民事信託契約の概要を説明します。

　民事信託は、契約書を取り交わして成立します。重要な財産を手放すわりには簡単な手続きといえるかもしれません。実務的には、公証役場で公正証書により契約書を作成し、万全を期するようにします。この契約は、委託者と受託者の二者間で行います。

　受益者は契約当事者ではありません。受益者は信託した不動産の賃料などを受け取りますが、信託契約により義務を負担するわけでもなく、損をするわけでもありません。契約に関与しなくてもかまわないのです。

　不動産を信託したら、次は、委託者と受託者で、信託

の登記を申請する必要があります。このとき、不動産の所有権の登記名義は、委託者から受託者に移ります。ただ、受託者はあくまでも信託財産の管理人にすぎません。実質的には利益を受け取る受益者が、所有者に最も近い立場といえますが、受益者の名義にはしないという点がポイントです。

　なお、信託財産の所有者が誰なのかはともかく、税務上の扱いでは受益者が所有者とみなされ、課税されます。

　受託者の報酬については、信託財産の管理運営を担う受託者は無報酬が原則です。ただ、信託契約に報酬規定を設けた場合は、それに従います。民事信託は商売を目的としたものではないとはいえ、受託者の責任と負担を考えると、それに見合った一定額の報酬を払うのが妥当と思われます。この点、実務上は、法定後見人の報酬を目安にすることがあります。

　その後、信託が終了すると、信託財産は通常、受益者のものとなり、不動産の登記名義を受益者に移すことになります。

残される障害者の子供が心配な場合は？

先生　終活をする高齢者は、子供たちに迷惑をかけたくないから終活をするという動機が強いといわれます。

吉田　そうですね。

　小春　人生の最後まで子供たちのことを心配してるのよ。

　先生　実は民事信託というのは、とくに将来が心配な子供の
　　　　ために財産を残したい、財産を有効に使いたい、と
　　　　いう人には非常に有効な終活の手段です。たとえば、
　　　　障害者の子供がいる場合です。

　これまで説明してきたように、民事信託を使えば自分の
死後も継続的に財産を与えることができます。この仕組み
を利用して、たとえば、精神障害者の子供に対して自分の
死後も生活に困らないようにしてあげたいと思っている場合、
民事信託を使えば、月々年金を与えるような仕組みづくりが
可能となります。ここでは、障害者の子供を受益者として、
月々の生活費を与える民事信託を設定する場合について
考えます。

　民事信託は財産管理を目的としており、身上監護はフォ
ローしていません。そこで、信託契約とは別に「任意後見
契約」を結びます。任意後見人は、高齢の弁護士や司法
書士を指名すると、障害者の子供より先に亡くなってしまう
可能性があります。障害者と同年代か、あるいは年下の弁
護士や司法書士を指名するほうが無難といえます。あるい
は、障害者の子供が入所する障害者支援施設（運営母体

のNPO法人など）を指名するほうが、本人にとっても安心できるかもしれません。

　民事信託契約では、任意後見人に指名した人が受託者を兼ねるほうがよいでしょう。障害者の子供自身は受益者です。信託契約書に「毎月いくら生活費を渡してほしい」といったことを定めておけば、障害者が一度に多額のお金をもらって浪費してしまうようなことも防げます。

民事信託で資産を有効活用するには？

先生　実は、民事信託で資産運用をすることもできます。

吉田　え？　信託で運用？

小春　どういうことなの？

先生　不動産信託の説明でも話したように、民事信託をする重要な動機の１つが資産の有効活用なんです。

吉田　何か、意外な活用法ですね。

　認知症になった人に成年後見人が付くと、財産管理権は本人から成年後見人に移ります。これにより、自分の財産を自分の意思で自由に処分することは、もはや、できなくなります。これが成年後見の「資産凍結状態」です。そして、成年後見人は原則として辞任ができないため、資産凍結状

態は、認知症の本人が死亡するまで続きます。

　「何とか、資産凍結状態を回避し、認知症になったあとも資産を有効活用したい」という場合、どうすればよいのでしょうか。結論をいうと、その状況になってからでは手遅れで、認知症になる前に手を打っておかなくてはなりません。事前の対策として、民事信託の仕組みを使った方法を考えてみます。

　成年後見人が管理するのは、認知症の本人の財産です。しかし、信託には倒産隔離機能（167ページ参照）があるので、信託財産は認知症の本人の財産とは区別されます。とすると、不動産や株式など有効活用ができそうな資産を、認知症になる前に信託をして、先に切り離すことが事前対策として考えられます。

　つまり、資産運用に長けた別の受託者が信託財産を上手に運用し、利益を上げてくれたら、非常にありがたいということです。たとえば、好立地の商業ビルを信託する場合がわかりやすいですが、株式等の有価証券の運用に関しても同様のことがいえます。

　しかし、ここで１つ問題があります。民事信託は商売を目的とした制度ではないという点です。民事信託の場合、信託財産の有効活用をする受託者は無報酬が原則なので、投資顧問などの投資のプロに高い報酬を支払って運用して

もらうことはできないのです。もし、投資のプロに資産活用をしてもらいたいなら、商事信託（信託銀行等）を利用することになります。

 あんみつ先生のチェックポイント

●民事信託をうまく使えば、特定の相続人を受益者に指定し、長期でその人に信託財産からの利益を与え続けることができる。
●遺言代用信託は、遺言の代わりの役目を果たす。
●信託をすると信託財産は委託者自身の財産から分離される。
●民事信託の仕組みは、障害者の生活保障から子供の養育まで、または資産活用や投資の手段としての使い道があり、認知症対策、相続税対策だけの目的にとどまらない可能性がある。

加藤 光 敏（かとう　みつはる）

（株）Ensemble Fund & Consulting代表取締役。司法書士（茨城
司法書士会会員）。国際テクニカルアナリスト連盟認定テクニカルア
ナリスト（CFTe）。日本テクニカルアナリスト協会会員。
1974年生まれ。1997年慶應義塾大学法学部法律学科卒。在学中の
1996年に司法書士試験合格。卒業後、司法書士事務所勤務、会社
員をする傍ら、株式投資について研究。2017年、（株）Ensemble
Fund & Consultingを設立し、経営コンサルタント、金融アナリスト
として起業。ベンチャー企業顧問、公的機関アドバイザーに従事し
つつ、自身の2大テーマである「投資」と「終活」の講演活動も精力
的に行っている。事業の傍ら、起業家スクールのコーチ、アートコミュ
ニケーター、社会起業ビジネスプランコンテスト等、様々な社会活動
にも参加している。

ざいさん　　　そうしき　　　にんちしょう
財産は？　お葬式は？　認知症になったら？

しゅうかつ　　　　　　　　　　　かんが　　さいしょ　よ　ほん
ふと、終活のことを考えたら最初に読む本

2023年11月10日　初版発行

著　者　加藤光敏　©2023 M.kato
発行者　杉本淳一

発行所　株式会社**日本実業出版社**　東京都新宿区市谷本村町3-29 〒162-0845
　　　　編集部 ☎03-3268-5651
　　　　営業部 ☎03-3268-5161　　振 替 00170-1-25349
　　　　　　　　　　　　　　　　　　https://www.njg.co.jp/

印刷・製本／新日本印刷

日本実業出版社の本

下記の価格は消費税（10%）を含む価格です。

お金・仕事・生活…知らないとこわい
定年後夫婦のリアル

大江 英樹／
大江 加代
定価 1540円（税込）

夫婦ともに元証券会社勤務、現在は経済コラムニスト、確定拠出年金アナリストとして活躍する2人が、お金、仕事、生活、夫婦間のコミュニケーションなどアフター60歳の真実と対策をズバリ解説。

「人生の問題」が解決する64の法則
人を導く最強の教え『易経』

小椋 浩一
定価 1980円（税込）

稲盛和夫、野村克也、栗山英樹…、ブレないリーダーたちが愛読する『易経』。「変化の書」である『易経』のエッセンスをわかりやすくかみ砕き、「いかに生きるか」の問いに答えてくれる1冊。

新版　幸運を招く陰陽五行

稲田 義行
定価 1540円（税込）

大好評ロングセラー待望の新版化。「陰陽五行と星の関係」「陰陽五行による1年の運気判断」を新章として、陰陽五行に興味を持っている人、占い・風水の基礎理論を知りたい人におすすめの入門書。

定価変更の場合はご了承ください。